十分好創意執行長
先勢行銷傳播集團共同創辦人
黃鼎翎

活下來的就是狼

客戶是獅子，媒體是大象，夾在中間的我怎麼闖？
公關這一行的美好拚搏與真實內幕大公開。

CONTENTS

第5章

創業是狼匍匐前行的風景，每一步都美好

推薦序一

永遠不乏味的合作夥伴

華人創意教父／包益民

我和鼎翎認識很久了，一直有著不同程度的合作，有時候我們是工作夥伴，一起去提案攻客戶；有時候我成為她的客戶，會委託專案給她的團隊執行，我們之間的關係非常奧妙。因此，我對她的工作狀況與個性，可以說是瞭若指掌，無話不談。

在與她的各種合作之下，我也越來越了解公關工作其實非常繁複，更重視細節，碰到公關議題的管理，不僅需要縝密的策略，更需要務實的媒體關係來執行。而遇見品牌行銷上的個案規畫，她的創意力也驚人的豐沛，對於市場的敏銳度與商品的洞見都是個中高手，所以和她幾年來的合作，只能用「過癮」

兩個字來形容。我們之間總能創造出一波又一波的火花，挑戰每一個高峰。

更難得的是，看她創業近二十七年之後，在二〇二二年又再度創業，開展職涯的第三曲線，仍見她站在第一線，與老公楊忠翰兩人凡事親力親為。

做更有正面影響力的事

在離開了創業二十幾年的公司之後，她告訴我不想再做一樣的事，毅然決然為了企業社會責任，無償的投入公益輔導計畫；為了非營利組織，無私奉獻；為了學習ＥＳＧ永續，她連續十週、每週六去上全天八小時的課，用功讀書準備考證照。這種種投入的程度，都讓我由衷的佩服，我想任何人到了她這個年紀與經歷，還能夠擁有這樣認真不懈的精神，不禁要讓人豎起大拇指！

記得有一次我問她：「為什麼這麼累，妳還要繼續做公關？」她回我：「我只會做這個啊！天生就只能吃這行飯。」

其實我很了解她，因為雙子座的個性，不想一生所學閒著無用，所以選擇做公益服務，幫助更多人；因為不喜歡做重複的事，所以離開舊公司，協助我一起做全新的NFT（按：非同質化代幣）、一起做品牌，且自我期許做更有正面影響力的永續事業。也因為她喜歡變化和挑戰，所以也不放棄一些有趣好玩的商業案子，仍然走在最前線，服務更多的臺灣品牌。

這就是鼎翎，一個我認識很久的老朋友，與她合作，你永遠不覺得乏味，因為她總會給你很多新想法，又會協助你全力達成目標。

看資深公關人的經驗，找自己的路

我喜歡和她合作還有一個原因，就是她擅長溝通，總會站在不同的利害關係人立場思考，所以很多事情與案子都能在良好的溝通氣氛下達成目標，這是她另一個強項。

而我之所以選擇她的團隊作為長期合作夥伴，原因不外有三：

一、公關的專業：一直以來，他們的專業能力與經歷都無庸置疑，協助我漂亮完成了許多公關目標。

二、使命必達：他們對於充滿挑戰的困難工作從不退縮，許多策略的成果總是超乎預期，讓人驚豔。

三、良好的媒體關係：我想，沒有好的媒體關係，很難完成對外的溝通目標，這一點我從鼎翎和忠翰的身上，看到了經年累積的力量，他們的好人緣、人脈與資源，總能行有餘力的完成許多挑戰，我個人也從中學習到很多。

看完這本書我覺得很有趣，書裡可以看到一個努力不懈的創業者，白手起家，不斷開拓專業領域，逐年帶領公司成長。其中有很多她自己的經營心法，可以看到一個創業者的篳路藍縷，在公關這個高壓的環境下甘苦備嘗，卻始終堅持下去，真的很不容易。

所以，我非常推薦對公關行銷有興趣，或已經在企業、公關公司負責公關行銷工作的朋友們讀一讀這本書，我想，一個資深公關人的經驗與心路歷程，可以送給大家的不僅是公關的專業技能而已，更可以效法她的創業精神，進而內化，尋找出屬於你自己的成功之路。

推薦序二

狼來了，登場的角色卻是豬八戒

《中國時報》消費新聞中心前副總編輯／張亦良

以前卡地亞精品的臺灣老闆是一位「中國通」的老外，他最喜歡《西遊記》，我問他以公司管理的角度來看，把《西遊記》的主角套用在手下的主管，會如何配置？他說，孫悟空就應該搞業務、市場行銷，要打破框架、斬妖除魔，掃除營運發展的一切障礙。公關就是豬八戒，逆來順受，化解糾紛，解決一切問題。所以，最常陪伴唐三藏、最接近權力核心的，就得是豬八戒。

鼎翎說公關是狼，我也同意。因為公關狼最常扮演的，就是豬八戒照鏡子，「裡外不是人」的日常。

記者賞不賞臉，先看新聞稿有沒有吸引力

在我的記者職涯裡，最常接觸的不是同事，而是公關，因為公關是新聞的重要來源之一，而且精明的公關常常說假話，不精明的又常常說渾話，所以和**公關過招、破解新聞稿裡面沒說的祕密，就是記者的職責也是樂趣**。

記得在「臺灣錢淹腳目」的那個年代，消費線記者有時一天會接到七、八場記者會的邀請，如何取捨，就先看新聞稿寫得有沒有吸引力。

有一回，一個國際直銷品牌在五星級飯店發表強效濃縮洗碗精，為了強調無毒，當場將洗碗精倒入水族箱中，然後得意的說：「看裡面的金魚還是這麼有活力，不會死。」我當場質疑：「你們怎麼可以做這種殘忍的表演，金魚現在沒死，但是你能保證牠沒有因此染病？牠究竟是還有三小時，還是三十小時能活？」這場記者會當然也因此破功，誰還願意去報導這個金魚秀。

另一回是大排場的手機跨國發表會，紐約與上海同步舉行。當年還沒有蘋果手機，手機市場就那兩個牌子在競爭。這個品牌大手筆邀請國內與亞洲媒體

參加上海場，當時一口氣推出三款時尚手機，選在當年大陸最時髦的上海展覽館舉辦。

記者會場上，品牌的設計總監被問到，這次發表會為什麼在文宣品、會場布置上都出現「頹廢」這個負面字眼？這位3C界的阿宅總監當場被問倒，誠實回答：「不知道。」這時候公關並未跳出來解圍，而是一位新加坡時尚雜誌主管代為解釋：因為「頹廢」是時尚美學的一種，而且行之有年。

公關不能只有貴氣，不接地氣

這場辦在中午的時尚手機記者會，已經預警了「走鐘」的狀況，不過真正的災難是晚上的時尚派對。

時尚派對除了模特兒走秀，最重要的是場子要熱！上海展覽館當時是時尚精品辦趴的首選，多少明星大腕都曾在這裡留下足跡。而這場時尚手機派對卻異常冷清，沒有明星、沒有名人嘉賓……過了許久，好不容易來了一位港星：

王喜，可是一身卡其休閒服，非常隨興的沒有裝扮。一問之下才知道，並非公關邀請他來，而是和友人路過好奇，進來看看。

執行這場記者會的是某國際廣告集團的公關公司，可見得這種大公關公司只有縱向的垂直整合，沒有橫向跨部門的合作，才會發生這種專業盲點。

印象中，這種國際集團公關和精品企業內部公關，一般都有一股高傲孤冷的貴氣，不接地氣，客戶才會一一流失，最後才讓本書作者黃鼎翎創立的先勢公關逐步壯大，成就了臺灣第一大本土公關集團的江湖地位，成績壓倒一堆洋公關。

這本書有許多公關的教戰守則，想要從事這一行的年輕人可以從中學習，少走一些冤枉路，況且她連業界待遇行情都公開了。對於品牌企業在挑選公關時，也是避坑離險的指南。

推薦序三

一言如鼎、如翎在箭的公關女傑

邁肯行銷傳播集團董事長暨執行長／張志浩

正如鼎翎在自序中所言，「見書如見其人」。只有女中豪傑會自詡為狼，一言如鼎、如翎在箭，又直、又穩、又快、又準。

在公關領域三十年經驗，鼎翎有經營公關公司的深厚心法，卻不吝將所學與經驗化為文字和人分享。我非公關專業，但也在代理商（公關公司）工作三十餘年，其中心路歷程心有戚戚焉，但是鼎翎卻願意和盤托出，毫不藏私。

公關人每天忙什麼？校長兼撞鐘。每一位高階經理人，如果是從基層幹起，絕對是校長兼撞鐘的態度。所有的管理必須大處著眼、小處著手、事必躬親。正如詹姆．柯林斯（Jim Collins）在《恆久卓越的修煉》（*BE 2.0: Turning*

Your Business into an Enduring Great Company）所說，任何一位成功的領導者必須能夠親力親為，而親力親為和微觀管理不同。親力親為的領導者必須信任員工，不讓員工有壓迫感，在校長兼撞鐘的過程中，帶領著團隊成長。

工作的SOP（標準作業流程）是應該的。但代理商是產業鏈的下游，變動是常態。代理商的日子，其實就是解決問題的過程：重新定義客戶的行銷問題，但在找出解決方案之前，必會碰到更多的問題，於是再重新理出另一個方案……執行過程中更會產生很多無法預料的狀況，永遠的隨時應變、解決問題，就是不變的硬道理。

比稿是代理商工作的樂趣之一，是一種學習、一份成長，但不要有太多的得失心，應讓它成為下一個進步的標竿。永遠不要聽耳語說：「這個客戶是來搓湯圓的。」就放棄參加；就算是，也當作練兵，仍然全力以赴。因為輸贏就是人生，平常心面對所有挑戰，凡走過必有學習與成長。

不論是廣告或公關，在時間碎片化的現在，內容是王道。但是如何說故事，才是關鍵。如何從公關活動中創造議題，吸引閱聽眾；或者從三十秒、十五秒的影片中，掌握前三秒關鍵時刻，說一個吸引人的故事，都是最挑戰現在數位行銷代理商的任務。

公關人的暗黑告白，其實也是所有行銷代理商的暗黑告白。我絕對同意要有開除客戶的勇氣，雖然拿人錢財，為人服務，但是相互尊重是基本道理。口出惡言、人身攻擊……這樣的客戶，代理商也有選擇是否服務的權利。

我也絕對同意，為了捍衛專業，我們必須理直氣壯，也因此，在理直氣壯前，當然要有專業與能力。代理商必須確認具備領先的專業，才能成為客戶的顧問、夥伴，而不只是手腳。

兩年前，我從一個專業經理人成為獨立代理商的創業者，過去我只強調自己的專業服務，而現在不但要吃苦當吃補，也必須以感激的心，謝謝所有周圍的貴人，鼎翎亦是其中之一。學習先進創業的故事、長期培養理想的接班人，我想這本書給我非常多的指導。所以，無論你是想從事公關工作，或已是相關從業人員，甚至想新創事業，這本書都值得一讀。

推薦序四

使命必達的狼性，她成為我討厭又可敬的對手

利眾公關董事長／嚴曉翠

其實，我很討厭黃鼎翎！

你沒看錯，我很討厭黃鼎翎！從她剛創業，很快成為我在公關顧問業務市場的競爭者開始，就很討厭她！

因為我的生意被搶走，所以討厭她？錯。

關於公關業務的開發與經營，我算得上是她的前輩。討厭她的最主要原因，是她的狼性太強、個性太鮮明，很難讓人不注意到她的存在，所以客戶或產業圈很常跟我打聽或問到「黃鼎翎」，這讓個性和她完全相反的我，覺得

很煩。

不過，一直以來，雖然她是我討厭的競爭對手，但她的創意和對客戶服務的投入，讓我非常尊敬，總能鞭策我與我的團隊，千萬不能輸！

第二個讓我討厭她的地方，是她那鍥而不舍的精神。

多年前，她成立了一個產業協會，從成立之初到她離開協會，前後至少超過五年。我從一開始就堅定的表明拒絕加入，但她從沒死心，軟硬釘子碰了絕對超過十次，她就是不放棄，不斷上門遊說。我想，就是這樣臉皮厚的執著，和使命必達的精神，讓所有客戶都很愛她。

最近，又發生了一件讓我討厭她的事情！她竟要寫一本和公關有關的書。

很多人問，在大學教書已二十年的我，為什麼不把課程內容整理成書？這是個好問題，但我就一直沒想到好的內容架構啊！然後，討厭的鼎翎已經寫完了。

我常跟同事說，一個好的公關主管，要永無止境的提升三個專業。

第一是公關的專業知識與技能：很多人小看了公關的博奧精深，所謂「在家掃廁所、出外見總統」，就是公關這一行既小又大的專業寫照。關於這個面向，作者在書中用了好幾個故事描述，雖然不可能寫盡，但這就是我要推薦這本書，給對公關工作有興趣的讀者的原因之一。

第二是產業知識：公關人員必須依照客戶的產業屬性，而有不同的策略推展，所以好的公關顧問對客戶產業的研究要夠用功！本書中，鼎翎以諸多個案，介紹了她在公關操作上的思維，範圍遍及各種產業領域。這是這份工作最吸引人也最累的地方。

第三是管理。這是要當公關顧問的大魔王學科。無論是業務管理、團隊管理還是客戶管理，每一個管理課題都有太多困難和人性的考驗。大多數離開這個行業的人，不論是剛入行的新人，或深耕多年的高階主管，都是因為無法克服這一點而離開這個戰場。

很開心的是，鼎翎在書中描寫最多的，就是這個面向，也是我最想推薦給所有目前在公關領域的朋友們閱讀的！

謝謝討厭的鼎翎出了這本書，謝謝妳總是追著我不能休息！就像鼎翎說的，公關顧問是一個辛苦、但可以為社會發揮正面影響力的迷人工作。歡迎大家一起加入！

推薦序五

從獨好到共好，前老闆教會我的十分好哲學

白蘭氏三得利公關經理／孫笛蘭

我在面試時，常被問到第一份工作的經歷、和直屬主管的共事情境。我的說法，這麼多年來始終如一。

我說，引領我進公關這一行的推手是一對「神鵰俠侶」。許多面試官聽了不免露出會心一笑的神情，因為鼎翎和忠翰這對夫妻的創業故事，在公關界享有盛名，而由於其作育無數業界人才，常被喻為前進甲方（客戶）的先修班。

然而，鼎翎和忠翰的象徵意涵，在我心裡，老早超越了巍峨顯赫的專業標尺，更代表精神傳承的血脈黏濃。在我脫離了襁褓的搖籃，以夥伴關係和他們共事的這幾年，我有時會私下暱稱他們：阿爸、阿母。

對於生性膽怯、欠缺自信的我，前老闆的職場提攜、知遇之恩，如同父母養育之情。回顧我初入公關領域的黃金五年，鼎翎既是嚴父、也是慈母。

之所以說「嚴」，在創意與謀略之外，鼎翎還看重細節是否周全。記得我第一次為媒體活動擔綱主持人，事前，她不厭其煩帶我順稿，到了現場，一遍又一遍叮嚀我走位。連指引貴賓拍照時，主持人應該要保持怎樣的姿態，都親自示範。

我又緊張、又訝異，職場上，我從沒被創辦人等級的主管，手把手的指導過。那天過後，鼎翎特別叫住我，鉅細靡遺的和我分享她的觀察：「妳表現得不錯，但妳衣服顏色選得太豔、偏偏鞋跟又太矮，妳適合簡單俐落的剪裁，色彩越單一、越能顯現出妳的氣質，下次多留意一下。」

那時，我跟她共事不到一年，她旋即看穿了我數十年都不曾看懂的、自己的優點。我的美感、口條、對財務基礎的認識，是鼎翎對我最深遠的教養，讓我知道怎麼應用自己的優勢，穿衣適得其所、說話恰如其分。

而鼎翎的「慈」，則展現在她對人情的通達。她是我見過最雷厲風行的領導者之一，但又擁有懷柔又細膩的心腸。一句體己話，就有撼動人心的力量。我很早就知道她的出書計畫，當時很好奇：「如果這是一本分享操作經驗談的書，難道不怕揭露太多祕方嗎？」她一派大方的回應：「到我這年紀，還有什麼好怕的？就是把經驗談說出來，大家可以一起變得更好呀！」

一起變得更好，成了鼎翎近年來最常掛在嘴邊的話。當年教會我縝密審視財務流向的嚴父，如今是自外於營利，講求互利、甚至讓利，致力永續和回饋的慈母。

從創業的篳路藍縷、攻頂的奪目輝煌，到再起的共生互創，我很慶幸自己的職涯與人生，一直有鼎翎相伴，以她多元的自我定位，一再替我驗證公關的價值，絕對不只有講究廣告價值、營業利潤的獨好，而是願意放開胸懷、無私貢獻的共好。

在公關路上行走多年，其實我一直是悲觀主義者，認為沒什麼局面或成果可以被稱為「十分好」，總是覺得自己做得不夠好、還可以更好。而這本書恰好打破我的迷思，只要能謹守一己之長，以多贏相生為初心，便是十分好！

各界推薦

六十位行銷界意見領袖首度聯合推薦

（依姓名筆畫排序）

台灣世界展望會品牌處處長　王怡雯

中廣「超級美食家」主持人　王瑞瑤

台灣行銷傳播專業認證協會理事長　王福闓

華人創意教父　包益民

Meta 臺灣臉書大中華區代理商業務總經理　朱怡靜

香港中文大學企業傳播碩士課程副主任　吳世家

社團法人台灣公益團體自律聯盟祕書長　沈怡如

《動腦雜誌》發行人　吳進生

遠傳電信資深副總經理　杜偉昱
宇一企管顧問公司總經理　林宜璟
愛酷智能科技執行長　林庭箴
ADK TAIWAN 集團營運長　林詠絜
中天新聞製作人、主播　林嘉源
典華幸福機構整合長　林廣哲
遠傳電信公關暨企業永續長　林慧珊
創造智能科技執行長　林慧珍
滾石音樂國際董事長、《廣告雜誌》發行人　段鍾沂
安索帕台灣執行長　紀緻謙
電通邁格瑞博恩執行長　胡喦巽
東森電視新聞部經理　范文欽
白蘭氏三得利公關經理　孫笛蘭
SELFPICK 創辦人、知名導演　徐嘉凱

香港旅遊發展局臺灣處長　徐維妮

《中國時報》消費新聞中心前副總編輯　張亦良

光寶企業品牌價值發展負責人　張衣宜

邁肯行銷傳播集團董事長暨執行長　張志浩

C CHANNEL 執行長　張倫維

資深行銷人　常家寶

TAAA台北市廣告代理商業同業公會榮譽理事長　許益謙

大大學院創辦人　許景泰

菱傳媒社長　陳申青

東笙實業總經理暨 STEVE MADDEN Taiwan 臺灣區負責人　陳柏堯

《數位時代》執行長　陳素蘭

伊林娛樂副董事長　陳婉若

台灣行銷傳播專業認證協會創會理事長、前C4A主席　陳榮明

《年代向錢看》主持人　陳凝觀

資深公關人、ZENO極諾公關中國區總裁　傅本君
拾method餐飲集團執行長　曾柏憲
文化大學廣告系教授兼系主任　鈕則勳
資深公關顧問、然後工廠負責人　項薇
健康力股份有限公司董事長　黃千芬
PopDaily波波黛莉數果網路執行長　黃晨皓
cacaFly聖洋科技總經理　黃逸甫
創集團共同創辦人暨發展長　黃瓊儀
傑思．愛德威集團創辦人暨執行長　楊佳燊
軒郁國際總經理　楊尚軒
台灣實境科技創新發展協會執行長　楊淑鈴
快樂聯播網總監　廖鳳彬
彥星喬商廣告總經理　劉安立
《國家地理》雜誌大石國際文化業務副總　劉念祖

東方線上消費者研究集團執行長　蔡鴻賢

黑松股份有限公司行銷處長　蔡耀光

偉門智威執行長　鄧博文

緯來電視網總經理　鄭資益

TAAA台北市廣告代理商業同業公會理事長　盧炳勳

世新大學副校長　賴正能

臺北醫學大學名譽教授暨韓養品牌創始人　韓柏檉

域動行銷創辦人暨董事總經理　顏玉芬

利眾公關董事長　嚴曉翠

鑫囍創業CEO暨國際知名設計師　Daniel Wong

自序

公關叢林戰，最終留下的都是狼

「為什麼書名是『活下來的就是狼』？」這是許多好友看到書稿後的第一個反應。我近乎開玩笑的說，因為**客戶像獅子，危及生死；媒體是大象，舉足輕重；而公關人在叢林中求生，就像是荒野中的一頭狼**，能不能活下來，不靠運氣，靠的是本領！

孤狼鐵定危險，但如果是一群狼，力量或許就可以跟獅子或大象力拚，所以我集結更多的「狼夥伴」，當狼群下的每一隻大狼都驍勇善戰，碰上強敵時使出渾身解數交手，最終留存下來的，都是真正無敵的狼！

這本書的書名，道盡了我的公關職涯生存之道，除了在弱肉強食之下，有如狼般的勇氣與執著外，書中提到的點點滴滴，正是我在公關這行的真實生活，有我和同仁、客戶、合作夥伴、各種利害關係人之間的故事；有我對公關工作的專業觀點、執案策略、管理經驗與價值判斷；更有我對夢想的篤定，與旅程中的不斷試煉，這些都是再真實不過的紀錄。

當然，還有我的大膽直言，就像我一貫的風格：必須要客客氣氣的「說真話」。

有人說，看這本書就好像看到我這個人，書寫風格就像是我說話的口氣。是的，無論讀者與我是否認識，都大可不用懷疑本書作者的真實性，因為，我相信很多人都願意為我作證，這就是黃鼎翎。

公關不是一個人的作品，而是集團隊大成的創作，我在書裡寫的個案經歷與故事，或許有許多我的策略思維，但我不會獨自攬功，反而要謝謝每位曾經一起攜手奮鬥、胼手胝足，長達數年、數十年的革命夥伴，沒有你們，絕對無法成就每一次的精采。所以，我衷心感恩並懷念與你們共創的每一個經典，其中有甘有苦，更有著我們對創意的天真與浪漫。

我誠摯感激職涯中的許多貴人，包括提攜我的長官、協助我的產業先進，與永遠支持我的合作夥伴，是你們讓我的工作生涯順境大於逆境，且即使在逆境中，也因為有你們而讓我勇氣倍增，克服許多困難。

當然，我也要感謝一些可敬、可恨的競爭對手，是你們充分激發我的狼性，讓我的事業歷程高潮迭起，使每個發展階段充滿了豐富的挑戰性。

這本書不但好看、也很容易閱讀，因為每篇文章裡都有真實故事，而這些故事，都是一匹狼或一群狼於荒漠中的生死存亡。我試著不說教，試著還原每個故事的背景與真相，讓它們呼應我的專業觀點，使企業或代理商的公關從業人員能有所領悟，理解身為公關人的思維，並了解這份工作在企業或品牌上的真正價值。另一方面也促使大家更認同自己的影響力，進而影響更多人，完成更美好、更正面又有意義的事。當然，如果你不是公關人，更可以在每個精采的故事中了解這個工作的職業特性與生活，相信你也會學習尊重我們的專業。

我們都知道，這個年代已經不流行寫書了，而我卻選擇在離開創業二十七年的公司後才執筆書寫，用文字說故事，闡述自己公關生涯中的經驗，並分享我近三十年在公關行業的管理心得。為什麼呢？原因其實很簡單，我做了大半輩子的公關人，歷經了許多酸甜苦辣的故事與體驗，在這個一切都不透明的產業裡，無論是在企業、品牌，或代理商做公關，對許多人來說都是霧裡看花，太多似是而非的言論也讓年輕人望而卻步，不再憧憬公關產業的工作。

而這個產業嚴重缺乏生力軍，面臨人才荒的我們，確實亟需釐清很多人對公關專業的誤解，因此我希望一字一句寫下的這本書，對於這樣的困境會有所幫助，讓年輕一輩能夠更客觀的理解這個工作的內容，並願意與我一樣，試著去挑戰自己，擁抱未來無限的可能性。

CHAPTER

1

整合行銷的核心，企業的形象化妝師

01

我的第一個公關案：帶同事員工旅遊

我在公關界闖蕩至今近三十年，並在一九九六年創辦公關公司，大家可能會理所當然的認為，我一定是科班出身，年輕時就決定要走公關這條路。但我必須先坦誠，會進入這個領域，完全是誤打誤撞、出乎意料。

高中時，我的志願是成為一個出色的新聞從業人員，所以把世界新聞專科學校（現在已改制為世新大學）當成第一志願，而我也如願考進世新編採。但進了學校才發現，我其實不是那麼愛念書，除了有興趣的新聞相關課程，我把時間都花在「玩社團」。那時我擔任土風舞社的幹部，每年都會下鄉巡迴表演和舉辦舞蹈教學活動，「辦活動」成了我的第二生命，我也意外的發現自己有這方面的才能，和協助管理社團組織的天分。

從世新畢業後，我順著原本的志向，進入中國時報當記者。這份工作確實符合我不怕挑戰、充滿好奇的雙子座個性，但同時也覺得，工作內容難有深入的累積，能夠發揮的舞臺太小。當時我急切的想要釋放自己的能量，儘管仍然熱愛新聞工作，還是決定轉換跑道。

我轉調至中國時報體系下的時廣公司（即是當時的時報廣場，相當於現在的誠品書店），在這裡我著實創下不少驚人紀錄，像是每個月在時報廣場的新生南路館，開設名人講座和明星講師的主題課程，都創造了那個世代的文青風潮與書店人氣，並為許多公關活動尋找贊助經費。

在時報廣場，我得到很大的成就感，短時間內就獲得長官的青睞，還記得當時的主管廖鳳彬一路提攜，並徵召我去開設中華館，擔任副店長，之後又讓我加入時廣企劃部成立的公關業務部門，不斷受到長官們的拔擢，讓我的職位和薪水得到很大的提升。

但我還是不滿足，一心想嘗試更多挑戰，於是把目標設定在「企業公關」，經由某位記者引薦，進入了道生關係幼稚園（當時全臺最大的幼稚園體系）總管理處任職。

辦完一場員工旅遊，我從人資助理直升企劃課長

當時道生全省有將近三十個幼稚園分校，但總公司沒有公關企劃部門，也沒有企劃人員的職缺，相關事務都由人資部門統籌處理，所以我便先從人資助理開始，等待企劃工作的空缺。在人資部裡，我幾乎天天跑勞保局，就為了替近千名老師、娃娃車司機加保、退保，工作事務雖然單純但實在太無聊，做了五個多月後我終於忍不住，向當時總管理處的何處長遞辭呈，處長看我這麼喜歡企劃工作，便說：「我讓你來辦一場公司的員工旅遊試試看。」

能夠辦一場上千人的大型員工旅遊，把我的活動魂重新點燃了起來，我全心全力的投入籌備，從設計旅遊行程、規畫遊覽路線，到安排山林各站動線、準備團康活動、擔任活動主持人，我辦出了有別於道生幼稚園以往的員工旅遊，大家都玩得很開心，讓董事長江道生也注意到我驚人的活動力。

董事長特地找我這個人資小助理約談，問我最有興趣的工作是什麼？我直覺回答就是「公關」，還順勢建議他，不要排斥接受媒體訪問，應該嘗試多曝光，在當時市場兩大連鎖幼稚園競爭中，必須打「品牌戰」才有機會勝出。結果董事長果真被我的熱情說服，接受了一次媒體專訪，成效非常好，他很滿意，隨即決定放手讓我成立企劃部門，並開始協助主導道生幼稚園的品牌行銷公關策略，後來還把基金會相關業務也交給我申請成立，正式開啟了我的公關生涯。

在道生工作大約三年，做出小小成績後，我再次尋找下一個挑戰，先是在金陵藝術中心為雕刻大師朱銘的景觀雕塑催生，有了藝術經紀的經驗後，再到了玄門藝術中心擔任副總經理四年，負責藝術行銷與千坪藝術空間的經營管理。之後又再轉向進入明德春天百貨，負責行銷企劃與自營品牌等工作，更深入了解五花八門的百貨業，也對消費性產業有了更深刻的認識與經驗。

每一個新的領域、新的工作，都讓我的羽翼漸豐，累積的這些經驗與專業能力，也造就了我獨立創業的勇氣，就此踏上公關這條路。

公關叢林，活下來的就是狼

- 當你發現工作內容難有深入累積，能夠發揮的舞臺太小，別怕轉換跑道。
- 設定下一個目標，並全心全力向前進。每一個新的領域、新的工作，都能豐沛你的羽翼，成為職涯晉升的助力。

02 公關，與公眾溝通的一門專業

如果到經濟部商業司搜尋「公關」公司，會找到七百多筆資料，其中不只有公關公司，還有很多所謂的行銷公司、傳播公司、活動公司，在公關服務業中參一腳。

若要問，這些公司有什麼不同？怎麼評估他們的專業能力和服務品質？或是有沒有客觀的資訊足以判斷，他們是否符合自己公司的需求？說真的並不容易。有時候，就連我在比稿時（詳見第一百一十一頁）初聞對手的公司名稱，也都摸不清對方的來頭，到底是哪個專長類型的公司。不過有個比較容易分辨的方法，是從「你需要這家公司幫你做什麼」這個問題開始釐清。

舉個例子，如果你要舉辦公司內部的活動，像是員工家庭日、尾牙、經銷商大會等，只需要策劃執行該活動，無須對外與媒體或其他利害關係人（按：指會對企業營運產生直接或間接影響的公司內外部團體或個人）溝通，這時找活動公司來進行會更單純。因為活動公司有豐富的活動策劃、執行經驗，其整合下游廠商的能力與資源佳，絕對可以滿足辦一場活動的所有需求，而且不會超過預算。

但若是公司需要進行內外利害關係人的溝通，或是要重塑、改造企業形象、計畫品牌宣傳策略、制定永續發展等長期目標，甚或是進行潛在或即將發生、正在發生的危機處理等任務，這些工作專長，才是公關公司的專業及核心價值所在。

因此，公關公司的服務內容，與活動公司有很大的差異，和廣告、行銷與數位公司也截然不同，最後要解決的目標任務也不同，企業客戶千萬不能誤診、吃錯藥。

任何與利害關係人溝通的任務，都是服務範疇

公關原本是指「公共關係」，由英文的 Public Relations 翻譯而來，但這個名字的意思模糊不清，容易讓人誤解。後來很多外商公司會把自己的公關部門定名為「公眾事務部」，直接說明是讓企業與相關的「公眾」溝通，從改變他們的想法、態度，進而改變行為，目標是強化彼此互動關係，幫企業營造出良好的營運環境。

這些所謂的公眾，也不只是一般民眾或消費者而已，其中還包括員工、股東、政府單位、民意機構、結盟企業、協力廠商、新聞媒體等，都是公關主力溝通的對象。所以，公關公司的任務，不是在客戶要推出新品牌時辦辦記者會、發發新聞稿，或是突然發生危及企業形象的危機事件時，趕快出來滅火補救就好，**協助企業與大眾溝通、維持對內、對外關係的任務，都是公關公司的服務範疇**。

還記得十幾年前，我的公司曾發生過一個涉及自身和客戶形象的重大危

機。當時我們承接一場實體校園競賽活動，參賽者以學生為主，並開設了活動粉絲頁進行宣傳。剛開始宣傳時非常熱鬧，報名人數也超乎預期，我們與客戶當然很開心。當活動當天進行比賽時，因為其中一個考題的答案模糊難以界定，裁判的結果影響了參賽者的成績，引起重大反彈，活動結束當天，抗議聲果然灌爆了臉書。即便對方只是少部分的學生，但引發的網路討論聲量越來越大，而這些負面評論當然有可能影響客戶的形象。

此時我們必須止血，唯一的做法就是立即擋在客戶的前面，誠懇向大家道歉，承認是公關公司活動設計上的誤差，我們必須出面概括承受所有錯誤。除了在網路上公開道歉外，也必須承受涉及相關利害關係人的損失。

雖然我們在第一時間道歉了，但是留在網路上的負面言詞，仍會影響客戶的形象，所以我們又花了大約一週的時間，找出反彈最激烈的二十幾位網友，分別約出來一一親自道歉說明，懇請他們撤回網路上的負面留言，最後再關閉粉絲專頁，結束了這場重大危機的傷害。

這個事件告訴我們，**企業的利害關係人無所不在**，而且隨著不同型態與不同對象的溝通，公關公司都要制定不同的策略與防護機制，而當溝通發生重大落差與裂痕時，要有即時補救的策略與執行力，缺一不可。

公關的獨家功能——做企業的輿論觀測站

除了大家看得見的實體活動、危機處理之外，**公關還有一個非常重要，而且是行銷、廣告、數位、活動等公司都不具備的功能，就是做「企業的輿論觀測站」**，幫客戶關注社會及產業動態，在還沒有出現實際公關活動需求之前，就先掌握所有訊息、做好準備。當需要與公眾展開對話時，才能立即反應，幫助客戶維持住企業形象和社會大眾的信任。因此，公關公司的工作，可以簡單理解為「企業的形象化妝師」。

像是這幾年不時出現的食安問題，只要一有事件發生，公關公司馬上就能預測到媒體一定會來詢問相關企業，而且也猜得到他們關注的焦點是哪些，這時就必須提醒客戶先備好相關資料或數據，一起擬定應對策略、沙盤推演，即便客戶不是事件當事者，也要做好準備，一旦能在媒體報導中傳遞出正面負責的訊息，就能強化大眾對企業的信任。

想拍支廣告？不是找公關

遇到要宣傳行銷新產品時，**該找廣告公司還是公關公司，是很多客戶經常搞不清楚的問題**。我們很常接到客戶打來的電話，被我們問了幾個問題後發現，他們想要的是製作廣告影片，而不是發展品牌內外溝通策略，這種情況就應該找廣告公司，才會得到廣告文案、視覺設計、投放效益等廣告專業服務。

雖然臺灣的公關業發展已經四十多年，但直到現在大眾還是很難分得清楚，公關與廣告之間的不同，所以不只是有客戶找錯合作對象的狀況，在編列預算時，客戶也常陷入「廣告最大」的迷思。

儘管我們在結案報告中明列出活動後媒體報導的篇數、標題，把報導篇幅換算成廣告版面的費用，讓客戶知道，投資一場幾十萬元的公關活動，往往換來價值超過千萬元的廣告效益，但廣告還是擁有較大比例的預算，公關反而成了整個行銷計畫裡的配角。

同樣的狀況也會發生在客戶做決策時。

我曾經承接一個新品記者會，產品的代言人是當紅的偶像團體，但當時的廣告策略是企業主故意不公開代言人身分，來維持消費者的關注度，要求公關也要配合廣告公司的安排，記者會媒體邀請函還必須故做神祕，不能寫出代言藝人是誰，但這個做法會阻礙我們與媒體之間的溝通。因為影劇記者都是隨著藝人的議題決定要不要跑這條新聞，在不知道這個人是誰的狀況之下，很可能會選擇直接不出席活動，這場記者會的效益便會大打折扣。

這時公關與廣告之間的差異就很明顯，廣告的目標對象是消費者，目的是提升市占率和銷量，但在公關工作上，這場記者會要溝通的對象是媒體，目的是經由與媒體溝通，強化社會大眾對客戶品牌的信任度與好感度，這不是靠廣告自說自話就能達成的。

打個比方，跟消費者說：「我們品牌的鞋子最好穿。」這是廣告；但是經由與第三客觀媒體的成功溝通，或是提供公信數據，然後由媒體來告訴消費者：「○○品牌的鞋子經由○○公認最好穿。」這就是公關。由此可見，**公關與廣告的基因不同，兩者產出的公信度也截然不同。**

數據只能評估數位行銷，公關公司不適用

另一方面，**公關與行銷不同，更不是行銷的其中一部分**。公關的核心精髓，在於協助企業與各種利害關係人建立良好的互動關係，包括消費者關係、政府關係、投資人關係等，這些都不是行銷公司的範疇。

另外，隨著網路和社群的發展，數位行銷是現在的趨勢，因此也出現很多新型態的數位行銷公司。它與傳統行銷的不同在於，是透過各種網路媒介進行，所以從策略、執行到成果，都有數據作為支持，宣傳訊息可以接觸到更精準的目標對象，甚至能細化到特定的年齡層、性別、興趣偏好等。

由於整個行銷期間的各階段都可以追蹤成效，這些數據能作為評估數位行

銷公司服務的指標，便有不少客戶以為可以用同樣方法來評估公關公司。但是不同類型的代理商，適用的指標各不相同，**公關公司的服務品質更不能單純以「量」來評斷，因為我們的服務是「質」與「量」兩者兼具**，所謂的成效，不是單一次行銷活動觸及多少人，或是一支影片的點閱次數有多少而已。

若要分析公關與其他類型公司的關係，可以把公關視為整合行銷的核心，當公關策略定案之後，才發動廣告及各種媒介的行銷活動，也就是廣告、行銷、活動等公司的工作內容。

而要做好核心角色，就必須幫客戶看得更遠，預測利害關係人關注的議題與新聞事件及產業的動態發展，作為客戶與公眾之間溝通的隱形橋梁，協助客戶創造預期的溝通效益，間接提升實質的多元綜效，這正是公關工作。

公關是整合行銷的核心

廣告公司
製作廣告影片，提供廣告文案、視覺設計、投放效益等專業服務。
公關公司
發展利害關係人溝通策略，整合行銷的核心。
活動公司
提供活動策劃、執行、整合下游廠商的能力與資源等服務。
數位行銷公司
進行各種網路活動，接觸更精準的目標對象。

公關叢林，活下來的就是狼

- 公關有一個非常重要，而且是行銷、廣告、數位、活動等公司都不具備的功能，就是做「企業的輿論觀測站」。
- 跟消費者說：「我們品牌的鞋子最好穿。」這是廣告；但是經由與第三客觀媒體的成功溝通，或是提供公信數據，然後由媒體來告訴消費者：「○○品牌的鞋子經由○○公認最好穿。」這就是公關。
- 公關與廣告的基因不同，兩者產出的公信度也截然不同。

03 公關人每天忙什麼？校長兼撞鐘

雖然公關業發展已經非常成熟，卻是一個極低調的產業，若不是行銷傳播相關領域的人，通常不清楚公關到底在做些什麼，甚至公關人自己也都不常浮出水面。社會大眾還有許多人對「公關」二字存在著刻板印象，認為公關就是打扮得光鮮亮麗，與人社交應酬、喝酒聊天，而所謂「公關」與公關小姐、酒店公關傻傻分不清的人也很多。

也有不少剛畢業、想進入公關行業的年輕人，被問到覺得公關在做些什麼時，回答經常是辦活動、發新聞稿、跟媒體打交道，答案可說正確也不正確，因為這些的確都是公關人會做的事情，但並非全貌，而且只是其中的一小部分工作項目而已。

公關人的基本工作——看新聞

公關是協助企業與公眾溝通的工作，所以關心與客戶有關的熱門話題、輿論發展，知道公眾在乎什麼、流行什麼，是公關最主要也最基本的任務。

公關人員每天的必要工作就是「看」新聞，蒐集當天出現在媒體上，與客戶品牌、產業等有關的資訊，彙整成監閱報告提供客戶參閱。在蒐集新聞內容的同時，也要培養對於各種媒體的了解及掌握程度，一旦有需要執行公關活動時，才知道如何正確的使用媒體工具。因此，我在訓練公關新人怎麼「看」新聞時，有一些簡易準則。

首先從大處著眼。像是早期看報紙要先留意「版面」的變化，如果原本熟悉的報紙版面更換了位置或排序，那麼一定要去了解為什麼改版，以及改版的重點是什麼、為什麼改變。而看電視新聞要先關注「新聞單元」與重大新聞的走向，如果有新單元，可以想想企劃的背後，有沒有公關可以發揮的空間。舉例來說，如果某臺推出了街頭美食新單元，你正好有餐飲業的客戶，便可以爭取機會邀請電視新聞採訪。在各家媒體交叉觀察比對後，還能看出它們之間的競爭或差異，就有機會從中找到新的社會趨勢或流行指標。

但今天到了數位媒體的時代，網路新聞比比皆是，許多人都不再看報紙了，**公關人該怎麼看數位新聞**？首先我要提醒大家，許多數位媒體，或報紙、電視臺的數位新聞，為了吸引大家的目光，無所不用其極的誇大標題，就是希望爭取你的點閱率，閱聽眾會發現許多內容都是誇而不實，甚至經常不是原生內容（像是內容農場的拼貼文）。也由於許多入口網站一再轉載的新聞不勝枚舉，海量的內容究竟要如何監閱或判斷？

通常我會建議公司的公關人員**可以用關鍵字搜尋**，會發現網路上許多新聞標題內容幾乎一模一樣，都是互相轉載，甚至抄來的，聰明的閱聽眾會直接選擇原生新聞網站，因此還是得**選擇主流媒體的網站內容來監閱**，**其他轉載的網站就不用浪費時間了**。大家都記得近年來的許多八卦新聞吧？像是王力宏事件、曾格爾事件，若要了解最新動態與評論，還是要找對媒體、監閱重點，否則不僅網路新聞看不完，還很可能會被誤導。

第二要抓重點。**公關人看新聞的重點，與一般觀眾不一樣**，除了表面上報導的事件之外，還必須思考記者為什麼要做這則新聞？新聞的處理手法和議題的切入點有什麼特別之處？從媒體選擇的議題上，也能看出它們的版面偏好與個人喜好。

尤其是電視新聞的安排，其中都有奧妙，比如新藥上市的新聞，一定會採訪專業醫師的看法，或是整點新聞結尾跑字幕時，經常配上藝文或時尚活動的菁華畫面，這些安排都有其一定原因。甚至要去了解，為什麼公關原本精心策劃的新聞稿，記者只簡短引用了幾句而已，或根本被改成全新的版本，跟原本設定的完全不一樣？這些新聞報導的眉角，都必須在每日用心看新聞中找到答案，內化成為思考本能。

最後一點是**公關人看新聞一定要「設身處地」**。我在公司舉行動腦會議時，會要求同仁思考：「你認為媒體會怎麼處理這個事件？」、「媒體為什麼會對你的活動感興趣？」、「為什麼要在那麼多新聞中選擇出機採訪你的活動？」大家就要開始設身處地的想：如果我是醫療線記者，我會用這個角度來關注議題嗎？或者如果我是新聞臺，會想要拍到什麼樣的畫面？這對公關人來說是非常重要的日常訓練，也是平日閱讀新聞的基本訓練。

舉個實際的例子。餐廳舉辦新菜色發表會，邀請電視臺記者來採訪，公關首先應該想到，每天都有這麼多餐廳換菜單，我們的菜單若不是獨樹一幟，記者為什麼要來？若是再加碼舉辦買一送一的活動，這個好康真的足夠吸引媒體報導嗎？

如果媒體真的有興趣來到現場，更要預想到記者來拍攝時，該準備些什麼，要拍新菜色的成品，還是需要拍攝廚師現場料理的過程？畫面中要不要有用餐的客人，或是請他們接受採訪？這些都是公關人需要設想的細節，更要內化為思考的本能。

與媒體互動，是公關人成功的關鍵

除了從外觀察媒體的運作，深入與媒體記者或高層良性互動，也是公關一項很重要的工作。因為如果缺少良好的媒體關係，在臺灣複雜多元的媒體環境下，再精準的公關策略，執行起來都難免有落差，使得成效大打折扣。

在客戶發生負面事件時，公關處理危機最重要的便是爭取時間，尤其是**網路時代的黃金八小時內，訊息傳播之快速可謂一日千里**，若是平時沒有與媒體保持良性的溝通管道，那麼風險就越高。相反的，若是平日就有打好媒體互動的基礎，就有機會得到更多緩衝與協議時間，甚至可以探知溝通對象的處理態度與危機可能發酵的程度。

我曾執行過一個消費者申訴的公關個案，當客戶告知有這件危機時，消費者文教基金會（簡稱消基會）就已經介入處理了，並且距離不到半天的時間就要召開記者會。當時的第一要務，就是透過資深的媒體先探詢各家新聞的報導角度，以及媒體長官可能會採取的立場和判斷依據，一方面讓我們知道應該優先疏通哪些主管機關，另一方面，也能判斷客戶出席記者會是否有利，如果出席了卻有理說不清，將是更大的負面影響，不如不去。

這些資訊的來源，是協助資深公關人成功處理這次危機個案的關鍵，讓我們能做出最好的判斷及決定，最後讓客戶的傷害降到最低，對方也因此對我們的服務滿意度及信任感大增。

我再舉一個最近熱騰騰的負面危機事件，來說明公關處理的重要性與影響性。

近期有關美式大賣場的熱門商品「科克蘭冷凍三種綜合莓」，因被驗出A肝病毒而慘遭炎上（按：事件引起爭議，演變成輿論事件），消息一出，賣場雖火速下架全數商品，也設立專屬櫃臺讓會員退貨，但由於這是標準最高的食安危機等級，大眾仍然擔心已經流入市面的十七公噸商品，恐怕已被吃下肚而恐慌。

儘管這家賣場有危機處理的經驗，反應也快，事件發生後便持續發出聲明稿，讓民眾了解公司的處理進度，並不斷強調已積極配合主管單位，向會員召回商品、開設退貨櫃臺、提供相對之醫療支援等。但因為事涉層面與利害關係人眾多，包含衛生福利部食品藥物管理署（簡稱食藥署）、消基會、毒物中心等檢驗相關單位，甚至是美國食品藥物管理局，在民眾與媒體的強力要求之下還原事件始末，也無法快速緩和輿論發展。

雖然食藥署強調加強檢驗，對於邊境各國輸入查驗也一刻都沒有怠慢，但顯然與民眾的期待有落差，外界仍普遍質疑食藥署的反應慢半拍。此外還有開罰及賠償問題，也都是民眾關注的焦點。

我常說，當發生負面新聞時，若事不關己，民眾通常都是慢慢看好戲的心態；但若事涉自身安全，民眾的耐受力就會變得很低，且對於效率的要求變高，所以危機處理刻不容緩，完全不能掉以輕心。

綜觀整個事件，公關在處理整個利害關係人的溝通裡，有幾個非常重要的原則，我們認為：賣場公關人員需要展現配合調查，與對事件負責的態度；消基會需要站在保障受害消費者權利與義務的立場上，進行溝通；食藥署則需要負起保護國民食安的義務與執法公信力，進行大眾溝通，才能取信於民；媒體更需要客觀公正的還原事實、發掘真相、忠實報導，而不是譁眾取寵，無限炎上。

確實掌握這些處理危機的重要原則與態度，才能讓消費者用更理性的態度面對整起社會事件，督促該企業積極解決問題，杜絕相同事件再次發生。而不是讓民眾受負面事件的影響，在賣場購物時變得開始懷疑產品來源、保存期限、包裝等問題，或是以小放大的質疑所有商品的品管問題、懷疑賣場或商家的螺絲崩壞，那絕對不是危機事件之後該有的態度。

危機是一個最多元的利害關係人實戰溝通，雖然我們不希望危機發生，但危機通常是檢核組織體制最直接有效的演練與學習，待事件過後，總會有滿滿的學習成果。

掌握利害關係人

能夠影響企業形象的，不只有媒體，公家單位、民間團體，甚至客戶自家的員工、網紅，都可能因為一次發言、一支影片，就出現對客戶不利的討論或風向。因此，公關工作的另一個重點，就是掌握好這些利害關係人，除了與媒體建立良好關係，掌握媒體方向，還需要評估各領域意見領袖的影響力，當發生事件時，才能快速判斷出策略與執行方向，或選擇不積極處理的策略。

當然，與各種屬性差異甚大的對象溝通，協調技巧和抗壓性是很大的考驗。面對政府機關長官、娛樂圈強悍的經紀人和難纏的藝人、態度尖銳的社會輿論團體、中介組織，其溝通方式都不同，對於涉世不深的年輕工作者來說，很容易因為碰釘子，或是達不到雙方都滿意的結果，而有深深的挫敗感。

但我自己的經驗是，挫敗其實都是養分，因為可以從中汲取經驗，這也是公關工作最有挑戰的地方，隨著時間和個人歷練累積，你的能力會超出預期。

公關人其實得「校長兼撞鐘」

至於普遍直覺認為，公關的工作就是辦活動、開記者會，也並不如大家想像，就是光鮮亮麗的穿梭在記者會現場，與長官、明星、大老闆們談笑風生。以「辦活動」這個工作來說，確定時間、預定場地、安排場地布置、準備活動資料、擬邀請函及新聞稿、聯絡媒體及所有邀請出席的長官、名人，到活動順利完成後彙整報告提供給客戶，都是公關人員要執行的任務，這些工作既瑣碎，又絲毫不能出現閃失。

我們經常發現不少一心嚮往公關工作的年輕人，在進了公司之後才發現，公關其實是個「校長兼撞鐘」的工作。表面看起來在活動現場指揮若定，但可能在活動即將開始的十分鐘前，還在忙著裝訂新聞資料、包裝媒體贈品、安撫不耐煩的媒體或客戶，或是前一晚就已經在會場，為了監工場地布置而一夜未眠。更不用說，只是客戶改變一下心意，或是突然來個天有不測風雲，前面那些準備工作就必須全部重來一遍。

還記得好多年前，一個外國保養品牌的發表會遇上了強颱，颱風未到就先掃落了一批公關可憐人。強烈颱風的發布讓我們人仰馬翻，場地、現場布置、酒水飲料、代言藝人的妝髮……所有協力廠商都得聯絡延期，更頭痛的是所有與會的貴賓和媒體都要發取消通知，等到確定辦理日期後還要再全部重新邀約，可以想像這工程有多浩大吧，幾乎重新來一次！

公關的基本工作範圍其實很廣，從分析資訊到做手工都有，而且高度要求人力及時間，與大眾想像的差距不小。但也因為如此，**公關工作適合各種特質、背景、才能的人，而且不需要很漂亮（或很帥）**。

公關叢林，活下來的就是狼

- 公關的工作範圍其實很廣，從分析資訊到做手工都有可能，高度要求密集人力及時間的特性，與大眾想像的差距不小。
- 公關工作適合各種特質、背景、才能的人，而且不需要很漂亮（或很帥）。

04 根據客戶產業類型，設定議題操作

我在上一篇提到，公關的工作，最主要就是透過各種形式，協助客戶與利害關係人對話。但不同產業，各有其先天上的限制和媒體規範，在執行公關任務時，就必須配合這些產業特性調整其服務策略與執行方式，才能讓公關策略創造出最好的成果。

民生消費公關，先幫記者找好新聞切入點

大家都知道，**民生消費品是操作公關活動最頻繁的產業**，但凡食、衣、住、行、育、樂，各大飯店幾乎每天都有消費性產品的公司，舉辦記者招待會

或產品發表會，創意五花八門，盡力爭取媒體到場報導，與競爭對手撞場的狀況更比比皆是。

但由於各家媒體越來越精簡人力編制，尤其數位媒體蓬勃發展，消費線記者往往需要身兼文字與攝影雙職，甚至只安排一至兩人負責跑記者會，在粥多僧少的情況下，記者往往分身乏術。所以，一位記者是否出席，可能影響所及不只一家媒體的版面或時段披露，因此公關公司無論如何都會想盡辦法吸引記者到場，而這就要從他們最在乎的新聞議題下手了。

我想最有新聞價值的，就是記者會發表的議題必須是「新」的，而且最好是同業中第一個發表的，不是升級版、第二代，或是第三代改版，因為這樣相對重要性就提高，否則就要強化其他特色議題。另外像是產品打破紀錄，例如：最大、最小、最快、最多、最貴、最便宜、最輕薄等強項、獨特的特質，也有機會吸引媒體的關注。萬一產品本身並沒有太多可以著墨的地方，或許就有客戶會想透過邀請重量級藝人、名人代言或出席活動，來增加記者出席的意願。

不管是什麼樣的消費活動，公關提供的新聞稿難免都老王賣瓜、自賣自誇，雖然媒體可能會因大品牌而買帳，但新聞內容版面曝光的質與量未必好；因此公關若能強化議題的張力與客觀公信力，也等於是幫媒體找到好的新聞角度，將使記者更容易切入，讓大家各取所需，事半功倍。

另外，**活動結束後記得要確實補稿，再提供媒體當天活動的補充資料與照片**，這樣不僅有臨場照片可供版面使用，這些資料也會同步存檔，日後有相關專題時就有機會再次被報導，增加曝光機會。

醫療公關，靠「好口號」

醫療保健的重要度與民生消費相近，但其專業度與知識性更高，公關要為醫藥品牌做的，不單單只是公眾的溝通與對話，更需要協助醫療業者把難懂、難記憶的專業訊息變得更簡單扼要，透過這些可讀性高的新聞內容，更精準的傳遞醫療知識或常識給受眾，以提高議題的關心度與可記憶度。

公關的責任，是必須**把複雜的衛教資料設計成簡單好記的口訣**，像是提倡健康飲食攝取的「天天五蔬果」、鼓勵有效運動的「三三三原則」；或是防疫期間經常可見的公關宣導標語，例如「拱手不握手，新型流感遠離我」、「雙手不碰眼口鼻，H1N1遠離我」，或是歷年來大家已經耳熟能詳的「六分鐘護一生」和「男腰九十、女腰八十」等，這些都是醫療產業上公關對外溝通的策略。

舉例來說，像是「男腰九十、女腰八十」這個口訣，是源自於二〇〇五年臺灣拜耳參與協辦世界心臟日活動。記得當時承辦的資深公關人策劃了一系列的公益活動，來推動臺灣拜耳對於因肥胖造成心血管疾病問題的關注，並推廣預防疾病的正確衛教知識。而運用看似簡單的標語口號——「男腰九十（公分）、女腰八十（公分）」正確好記的腰圍訴求，就成了核心訊息的推廣主軸，這些就是公關將複雜資訊簡化的結果。我們必須推敲所有的有效資訊，轉化成衛教內容，再設計出最簡單、鮮明、有力道的口號，才能讓一般民眾朗朗上口，輕易接收傳遞的訊息。

由於醫療線記者特別重視公正客觀的訊息來源，更重視專家的意見與報導內容的正確性，因此我們在與醫藥媒體溝通時，必須主動提供審慎客觀的數據、個案研究或案例，以及專業醫師的意見或報告資料，務必要避免過度的商業包裝，以免影響媒體的觀感。所以，在臺灣拜耳的這場公關活動中，可以看到有急診醫學科的主任醫師，針對一名家族中有高血壓及高血糖病史的年輕人進行專業分析，說明遺傳、飲食不均衡、肥胖都會提高心血管疾病的罹病機率，這樣會更有說服力，同時也方便媒體採訪拍攝新聞內容，三方面各取所需，與利害關係人進行最好的溝通，就是高明的公關人最有價值的表現。

金融公關，平常就要觀察產業動態

金融公關是另一個專業門檻頗高的公關類型，金融商品的內容通常不易理解，公關人員除了一般的行銷專業能力外，也要經常研讀相關的金融知識與法規，才能更專業的面對客戶資訊，並與專業媒體溝通。

從國內金融媒體生態來看，許多媒體的金融線記者也跑財政、金管會、證交所等政府相關部門，非常了解法規政策及產業資訊，有些主跑金融的資深記者，與企業的經營者或專業經理人都很熟悉，當有任何重要政策轉彎或重大訊息時，他們可能在第一時間就會詢問業者的意見，因此，注重媒體公關的金融企業，與媒體的互動也相對頻繁。所以我們會發現，**許多金融單位自己成立公關部門**，主要是積極建立與媒體這個利害關係人的互動，而且金融企業只要對外公關策略積極，其高階主管也願意接受媒體採訪，那麼通常都有機會在媒體上頻頻曝光，成為媒體的寵兒。

也因為金融線記者們對政策和產業動態的掌握度高，他們的「獨家」和「獨漏」壓力也相對更大，所以企業公關在發布新聞稿時要有些技巧。例如，如果我們無法提供媒體獨家新聞，那麼提供新聞資訊時，最好能兼顧媒體的客觀性，由整體市場的角度切入議題，再巧妙帶入客戶產品的優勢。舉例而言，若客戶推出電子下單優惠活動，新聞稿便可以從國內整體電子交易現況著手，甚至搭配證券交易所公布的電子交易占比數字，之後再提及客戶的優惠活動內容，這樣發稿比較容易被記者接受。

另外，國內金融企業的公關人員更需要扮演好產業觀測站的角色，甚至是撐起一把危機防護傘，因為金融危機事件通常不只影響單一金融機構，若客戶是集團規模，所屬子公司間的牽動與影響性更大，只要單一家出現危機，就會影響整個關係企業的形象，需要格外謹慎。我們都知道，金融業一旦發生危機，會比一般產業更複雜，影響性更大，就像前一陣子的防疫險風波，影響所及可想而知。

協助金融客戶決策判斷、影響評估、因應處理，有賴於平時公關對於金融市場的專業度，而做好議題管理的長期訓練更相形重要。

大家應該還記得富邦證券曾在二〇〇五年發生電腦錯帳事件（按：富邦證券於二〇〇五年六月二十七日，因交易員電腦操作問題，將八千萬元打成八十億元，造成鉅額錯帳的危機），許多專家當時指出其交易系統流程授權機制不夠完善，輿論的聲浪與主管機關的重視瞬間飆升，所幸該集團第二天就主動承接所有錯帳股票，且採取每四小時發新聞稿說明該事件後續的處理進度。

對照事件剛爆發的前兩天，媒體的報導多半質疑其內控能力，但由於企業啟動的危機防護機制，有條不紊的負責面對態度，化解了不利的局面。到了第三天新聞風向便轉變為正面的肯定態度，使得富邦證券掌握了化危機為轉機的巧妙，也讓負面形象立即止血，這就是公關長久累積的實力，於此一覽無遺。

當然，區域性的金融公關或許還好掌握，但擴及全球性的金融公關更是影響甚鉅，回顧歷史上發生過無數的金融危機，像是一九二九年的「黑色星期一」美國股市大崩盤、一九七三年石油危機事件等，不僅引發產油國的不滿，使石油減產，價格飆漲，更對西方國家實施石油禁運的強烈報復手段。

當我們細心盤點這些金融事件會發現，無論是亞洲金融風暴、網路泡沫，或是金融海嘯、歐債危機等，其帶來的股災對利害關係人的影響層面甚鉅，不僅讓投資者蒙受巨大損失，也造成社會、經濟、國家的動盪不安。所以金融公關的顧問專才所面臨的專業範疇更廣，涉獵的專業領域更多元，是很高的挑戰。

公益公關，集中資源來放大議題

公關行業裡有一個大家比較頭痛的領域，就是推廣公益訊息，為什麼？因為，雖然公益活動是每個公關人都樂於推廣的正面訊息，但任務卻相較其他產業類型來得困難，主要因素是分配給公益訊息的新聞版面太少。

這些有正面影響力的公益訊息，在新聞機構裡所配給的人力與新聞版面相對最少，除非是大愛電視、人間衛視、人間福報等這些原本就以公益新聞為核心的媒體，至於其他新聞機構是連跑公益新聞的記者都少，新聞曝光機會當然也相對少。

當公益成為新聞配角，只是媒體行有餘力的社會責任，那麼公關可發展的空間自然少，因此公益單位或是相關團體搏版面的機會，經常是小得可憐。通常我會建議公益單位要集中火力與掌握有限資源，設法放大議題能量，像是集中年度的倡議主題，運用公益機構的可信數據來支撐倡議內容。如果倡議操作得當，甚至可以轉變成重要的社會公益關懷力量，影響者眾。

大家或許還記得，資深媒體人陳文茜曾在二〇一〇年二月時發布，以不營利公益為原則，所拍攝的臺灣第一部氣候變遷紀錄片，即是有「臺灣版《不願面對的真相》」之稱的影片《±2℃》，呼籲大眾重視全球暖化議題。

當時陳文茜率領工作團隊製作了這支家喻戶曉的公益影片，並獲得多位知名企業家如嚴凱泰、郭台銘等聯合支持，也促成了許多知名歌手演員如周杰倫、五月天等人的參與推動，透過整合各界社會資源，展開多元的公關議題操作，藉此進行了十分成功的倡議主題推動，在當時是最熱門新聞議題。

姑且不論《±2℃》的感性訴求是否相當於實際真相的探討，但針對氣候暖化的成因，臺灣民眾對於個人可能直接或間接排放二氧化碳（及其他溫室氣體）的認知，以及每個小我都要面對並承擔的社會責任，我們透過這個倡議有了第一次的公眾教育，而大家也透過這個公眾教育，知道未來氣候變遷帶來的影響，已經無人可以置身事外了。

雖然直到今天，氣候變遷帶來的影響已納入全球與聯合國的重大議題，也有了具體的永續發展目標，但回顧過往，我們首波推動的《±2℃》影片公關倡議，臺灣以非聯合國會員國的身分，展現了身為全球一員的高自律操守，無非是國家對全球在重要利害關係人上的成功公關展現。

公關叢林，活下來的就是狼

- 數據是公關最好的武器，也是媒體的最愛。
- 舉凡調查結果、研究報告，都一定要事先準備齊全，而且不能造假，一旦被踢爆，得不償失。

05 這行晉升很嚴謹，小白要磨好多年

既然客戶的產業如此不同，公關人必須學習了解的事物，可以說包羅萬象、多如牛毛，從蒐集分析資訊、熟悉產業趨勢到溝通技巧等，各種軟、硬實力都必須全然掌握。

公關工作的基本是與各界溝通，而其中最重要的溝通對象就是客戶。提到溝通，就免不了先談談公關公司裡面的基本成員，各自扮演的角色與其主要的功能及責任，因為不同層級的公關人員，能夠達成的溝通效果不同。

一般而言，凡略具規模，或人員編制較為完整的公關公司，從最基層開始，大致可以區分為幾個層級：

1. 一般專員或專案執行，即是一般所稱的ＡＥ（Account Executive）。

2. 資深專員或資深專案執行，SAE（Senior Account Executive）。
3. 專案督導或客戶督導，AS（Account Supervisor）。
4. 專案副理，AAM（Associate Account Manager）。
5. 專案經理，AM（Account Manager）。
6. 專案總監或客戶總監，AD（Account Director）。
7. 副總經理，VP（Vice President）。
8. 總經理，GM（General Manager）。

按照我們公司內部要求員工素質的標準，其中資歷最淺的AE，通常需經過大約兩年左右的學習磨練，若能夠勤勤懇懇、腳踏實地的跟著團隊成員邊做邊學，有顯著的成長與優異表現，自然有機會晉級成為資深專員。接下來依然得不斷努力與自我提升，才有可能持續晉升到小主管，也就是專案督導、副理或經理等職務，然後再向上達到總監的職位。

每個公關人都必須累積產業觀察分析、媒體策略、活動執行規畫等綜合能力，才有辦法達到合適的專業職位，因此我一直都是把AE定位為見習生，各方面都還不夠成熟作為獨當一面的顧問，**在提供客戶服務時，如果涉及到決策或重要建議，指派AE代表公司去溝通協調，其實是不恰當的安排**。

因為客戶會特別抽出時間找公關公司開會、溝通，通常都是有重要策略或案件需要討論，此時當然是以歷練多、經驗豐富的高階主管為主，才能快速精準的提供客戶建議，而AE該做的是隨同參與，並協助主管做會議紀錄，同時學習主管如何與客戶溝通討論，快速累積實務經驗。

公關的基本訓練：蒐集資料

對公關公司而言，雖然找基層員工來是要執行工作任務的，但實際上卻是栽培人才的成分居多，很難期待人員一就定位，便能在短時間內快速上手。

在我們團隊裡，AE主要的任務就是每天一早先蒐集、整理所有媒體的新聞和產業資訊，分析與客戶相關的產業動態、重大訊息，然後把相關的媒體及輿情監測資料提供給客戶參考。要求AE每天負責這項業務，一方面是培養閱讀新聞和各種平臺資訊的能力，另一方面也訓練對於產業脈動與專業的掌握度，當越深入了解客戶的產業性質，才有辦法提供更精準的分析與觀點。

ＡＥ常常會被指派協助主管，或是處理團隊中很多瑣碎又煩人的事務，但正因為實務操作經驗尚不足，就更需要接受這些考驗和磨練，想要盡快大幅成長，能夠早日獨立作業，**「小ＡＥ」就一定得勤做實學，這是想要進入這一行的新手必須認清的現實狀況。**

不過從ＡＥ的立場來看，他們有時也有點無辜，因為有些新人入行時，並沒有主管或前輩教他們如何跟客戶溝通、談判、抓重點、做決定，就直接被派出去打仗。結果往往導致客戶向公司投訴、抱怨ＡＥ不管用，問什麼都不懂，無法解決問題，而公司主管也不見得會花時間精力了解ＡＥ的狀況，可能直接就指責為什麼隨便承諾客戶，或沒有辦法達到客戶的要求。

因此，我們經常看到**公關業的ＡＥ出現高折損現象**，這一點都不足為奇，畢竟他們承受的挫敗感確實很大，公司主管和客戶，甚至是媒體的態度，都很容易讓他們心灰意冷想離開。所以也要提醒各位，在踏入公關業之前，先做好心理準備，學習的過程在所難免，認真正面的挺過這一段菜鳥期，終能體會並享受到公關工作多變的挑戰與樂趣！

公關的待遇，貴在資歷和人脈

了解公關行業的升遷層級後，下一個就是薪資待遇了。

公關工作通常可以分為是在代理商（公關公司）任職，或是企業品牌裡的公關部門，以公關公司的待遇來說，AE和SAE的薪資（二〇二三年）普遍在三萬四千元至四萬元之間，督導層級約在四萬五千元至五萬元之間，專案經理位階的月薪可高達六、七萬元。若是做到總監位置，依年資與所帶的團隊人數，便可能達到十萬元至十二萬元不等。而企業品牌裡的公關人員，薪資多半會比代理商略高一些，但也要看所在企業的規模及職務內容，待遇差異頗大，負責的工作內容也不一。

雖然公關行業的薪資水準不比金融、科技業，但就算是最基層的AE，月

公關晉升之路

一般專員或專案執行，AE（Account Executive）。

薪資普遍在 34,000 元至 40,000 元。

▼

資深專員或資深專案執行，SAE（Senior Account Executive）。

薪資普遍在 34,000 元至 40,000 元。

▼

專案督導或客戶督導，AS（Account Supervisor）。

薪資約 45,000 元至 50,000 元。

▼

專案副理，AAM（Associate Account Manager）。

薪資約 45,000 元至 50,000 元。

▼

專案經理，AM（Account Manager）。

薪資約 60,000 元至 70,000 元。

▼

專案總監或客戶總監，AD（Account Director）。

薪資約 100,000 元至 120,000 元。

▼

副總經理，VP（Vice President）。

▼

總經理，GM（General Manager）。

註：依市場參考資訊，各家公司制定辦法可能不同。

薪也都已達到三萬四千元以上，若是在代理商裡，如果盡力表現得到主管的認可，順利升遷上去，薪資的增長幅度就可能會以倍數起跳。不僅如此，公關公司短時間所累積的經歷和產業人脈，也是好幾倍的成長，你會發現企業尤其歡迎有在代理商一定經歷的公關人員，因為扎實的訓練往往是企業考慮公關人才的重要理由，而這些也會成為你未來為自己爭取更高待遇的籌碼。

公關叢林，活下來的就是狼

- AE的工作既細節又繁瑣，但也是很扎實的基本功，是協助主管出去打仗的重要幫手，認真磨練、扎實練功，就有機會獨當一面。
- 如果表現獲得認同、順利升遷，薪資增長幅度就可能會以倍數起跳，工作密集訓練的經歷和產業人脈，也都是未來職涯累積的籌碼。

06 經常沒有SOP，變動、即時很正常

好多年前，我曾跟一位素質優秀的同仁共事，他的行事風格十分明快，公司交辦給他的任務，鮮少拖泥帶水，總是速戰速決，在很短的時間內就能完成事情，很有效率。

這位同仁來公司上班一段時間後，某天傍晚，他不經意的問了我一個問題：「老闆，為什麼公關公司常常需要加班啊？」然後見他表情有些不以為然，繼續自顧自的說著：「我們總是在做重複的工作，把事情弄成那麼細碎繁雜，有時連已經訂好的場地還在臨時換來換去，就是因為這樣，我們才不得不時常加班。我真不明白，重不重做、換不換場地，究竟有什麼差別？何必自找麻煩呢？」

還有一次，另一位同仁以略顯無奈又哀怨的口吻問我：「老闆！為什麼我們的新聞稿非得要寫到三篇那麼多？別人都是寫一篇通稿發給記者就好了，這些資料有需要準備到這麼精細、個別化的程度嗎？」

我想，這些同仁的疑惑與感嘆，可能也是許多在公關領域工作的朋友，曾經共同面臨過的困擾。

做公關就像結婚，個性不合趁早離開

事實上，直到現在，業界都還有僅用一篇新聞稿「走天下」的同業，但是換個立場想想，客戶投入這麼多的預算，委託我們大張旗鼓的舉辦活動或發布會，定是有旗艦或重量級的新產品或服務上市，期待藉由令人驚豔、有亮點的活動吸引更多目光，達到最大的溝通宣傳效果，那麼我們又豈能指望僅憑藉一篇新聞稿就足以行遍天下？

深諳媒體屬性的公關人必定了解，如果想要在不同的媒體路線之間操作，讓訊息能獲得最大量的曝光機會，只用一個議題、一篇新聞通稿提供給不同採訪路線的記者，是完全不符合媒體的實際需求，更別提能夠報導曝光，達成什麼宣傳效果。

以電鬍刀的記者會為例，如果客戶除了家電商品訊息外，還邀請了代言人，而你希望抓住影劇線記者的目光，那麼新聞稿的發想角度，就得從娛樂版讀者的需求出發，比如以代言人的娛樂性為主題，有梗、有火花，再設計出精采吸睛的現場畫面，娛樂版的記者自然就樂意前來捧場。

但假設我期待的，是獲得負責電器及家電產品線的記者青睞，就必須知道他們的報導重點大多是以產品本身為主，那麼新聞稿的內容，就應該介紹新上市電鬍刀產品的特性、功能，或是在某一波節日期間的促銷方案……諸如此類的訊息。在此前提之下，公關人員怎麼可能拿與娛樂版相同的內容給3C版應付了事？當然必須另外準備一篇主題、內容截然不同的新聞稿。

這兩位同仁即使已經累積了許多客戶與個案的經驗，還經常忍不住提出這樣的問題，我認為關鍵在於「個性不合」。我觀察他們一段期間後發覺，其實兩人都具備很好的工作素質，只是並不適合擔任公關從業人員，因為他們一板一眼、凡事求快，能容許變動的彈性太少，對於周遭事物變化的敏感度不足（套句公關人的行話來說就是缺少「新聞鼻」），這樣的性格反而更適合執行有標準SOP的工作，一定能適才適所，發揮得更棒！我若堅持繼續不斷說服或企圖改變他們，不但事倍功半，甚至最終仍是徒勞，對他們而言，也只會厭煩到抓狂，充滿了挫敗感。

即時、應變，就是公關人的日常

我說個近期發生的事件，大家會更能感同身受。

之前由於疫情不斷變化，政府的防疫政策和規範也幾乎天天在變，大部分產業為了因應政府政策的調整，多半需要對外做出相關的說明，所以很多公關人員（或企業的公關部門員工）好不容易擬出了聲明或新聞稿，可能內容才剛完成，正要對外發布或是才剛發布，又再面臨政策轉變，原本擬好的內容已不適用，必須重寫一份。既然新聞稿內容更新了，那麼要不要建議客戶用新的內容再演練一遍？發布聲明的相關事宜需不需要重新準備？也要隨時應客戶的需求調整再調整。

假設有家酒商在六個月前就已投入數百萬元，預定好某個場地舉辦消費者體驗展，但正巧舉辦體驗展的當月疫情爆發，那該怎麼辦？要停辦嗎？還是把活動延期？若是延期，會損失場地或相關費用嗎？延期的影響有多大？如果不延期，會不會影響新聞曝光？萬一大家都不敢出門，誰來參加體驗展？

這時，反應靈敏的公關公司，就好比客戶對外的前哨站或偵測器，必須立刻著手盡可能的蒐集資料、做出分析，全面務實的協助評估時勢發展對活動的影響，提出忠實報告給客戶參考討論，以便客戶權衡其中的利弊得失做出決策。由此可知，**即時更新資訊、掌握時勢、隨機應變，就是公關人的日常**。

公關其實是人力與時間兩者密集結合的產業，好的公關團隊，不僅要能在短時間內緊急應變各種突發狀況，還得明白隨時緊盯全球時事發展的重要性。此外，公關在執行工作期間的壓力特別大，而且時間全都是壓縮再壓縮，經常必須在一定的期限內完成特定任務，因此，**公關人必須有很強的抗壓性，人格特質及個性對於從事這一行，是極為重要的考量**。

除了外在環境的壓力之外，**公關還得有「誠實的勇氣」**，發生任何問題時，必須硬著頭皮、厚著臉皮跟客戶誠實說明（說不定才開口，就被一股肅殺的氛圍壓得喘不過氣），而過程中所歷經的種種艱辛與挫折，更是不勝枚舉。有些公關人剛入行時覺得新鮮有趣，一段期間之後被折騰到一滴熱情都不剩，也是稀鬆平常的事。

坦白說，能在這行待上二十年的真不多見，能夠撐過來的都是一匹狼，如今大多已是相當資深的專業經理人，或檯面上常見的老闆級人物。我覺得這些人都很厲害，非常了不起，應該給予他們掌聲！

至於我，又為什麼能夠堅持這二十六年的公關歲月？我曾認真的自我剖析過，其實就是五個「成就感高峰」。

一是辛苦完成提案大比稿，得到客戶青睞、贏得合約；二是順利完成現場活動，天時地利人和，客戶開心稱讚；三是活動的新聞曝光，報導質量俱佳、漂亮結案，辛苦有了具體的代價，更是成就滿滿；四是完成廣為人知的好案子，同時又獲得大獎肯定，成就感攀上高峰。

最後一項最不可抹滅的成就感，即是因為自己高明的公關策略幫助了很多人，做了正面的示範與產生影響力，引起社會大眾的普遍認同，那就是我最珍貴的榮耀與內在滿足。

公關叢林，活下來的就是狼

- 即時更新資訊、掌握時勢、隨機應變，就是公關人的日常。
- 公關人必須有誠實的勇氣和很強的抗壓性，人格特質及個性對於從事這一行，是極為重要的考量。

07 連續性公關造勢，謀定策略快、準、狠

一個連續性的公關造勢事件，基本上和一個單一活動是截然不同的思維，我常常形容這就像是去餐廳用餐，你要選擇單點或是想要套餐組合一樣，不同的是，這餐廳的主廚需要你帶自己的食材來，如果你的食材不夠，就提供單點；若能組合出來的菜色不足，也未必可以提供套餐服務。這個重點不在你的口袋夠不夠深，而是你自攜的素材是否足夠，才能讓巧婦成就你的晚餐。這麼說，你大概就能了解我的意思了。

前一陣子剛剛完成的忠泰樂生活商場開幕系列造勢宣傳計畫，這個計畫的內涵就是我所謂公關套餐的概念，符合連續性造勢的要件。其一是因為題材豐富、素材可茲運用。其二是這個商場在產業裡有明顯的差異化與區隔性，其

「商場美學新地標」的定位，讓藝術美學融合商場風格，成為關注的焦點。其三是透過公關與社群搭配的縝密策略，可以達到多元與加乘的目標。這三個要件讓主廚決定以豐富的套餐概念烹調，成就其連續造勢的新典範。

數位時代之下，社群運用通常也是公關重要的一環，所以這整個造勢活動，當然也包括了臉書、Instagram 等社群的經營也要從零開始。為了維護社群經營的健康性與未來正向發展，我們以提供大量的素材與畫面來說故事，在行銷總顧問包益民與營運行銷團隊的策略指導與需求下，擬定此案宣傳共計三波：

第一波是社群的醞釀。以首席顧問設計的企業識別與吉祥物，來擔任說故事的角色，讓社群操作迎接首次的媒體見面會，與公關的節奏相搭配，營造即將開幕的話題。

第二波是營造試營運期間商場的吸引力，計畫性拋出特色店家的資訊，吸引關注，像是米其林餐廳的吸睛特點。

第三波是強化溝通重量級藝術大師來臺創作的獨特性與渲染力，增加與一般商場的區隔性。當然，業者更要顧及對內部員工與股東的溝通，像是舉辦集團家庭日來凝聚向心力。

這些公關的需求很多元，但也相對提供了我們最喜愛的豐富素材，對公關人而言是興奮的。

有精采的開始，也要有漂亮的收場

大家都知道，一個單一活動很容易做到轟轟烈烈，但若要考慮到整體系列活動的操作，甚至要求像連續劇般的集集精采、連續一週天天都有媒體曝光，那麼就要考驗公關人的功力。

這樣極具挑戰的任務，任何一個公關人都會思考：該怎麼在不同的階段鋪陳議題與權宜分配？像是：首先，你必須把豐富的素材分類與分批放進不同的籃子裡，今天煮什麼？明天上什麼菜？都有主廚的巧思與菜單。

其二，當決定以階段曝光的策略去拉長戰線時，主廚還要思考的是，所有內容去支撐連續事件發展時，要運用不同採訪線別的媒體，去達到分別溝通的目的。像是一個商場的開幕，由於經營業種繁複多元，區域劃分、展覽、空間設計等都各有其特色，其經營與產業的定位也要說得夠清楚，所以，其中跨越的媒體線別就變得多元與複雜，百貨、精品、餐飲美食、藝文設計，甚至是溜冰場與滑雪學校還需跨體育媒體的溝通，很有挑戰性。

其三，你必須藉由造勢的新聞話題，再次結合社群去執行數位策略，延伸更多連續性的熱門話題，甚至是口碑操作，反向讓消費者來參與你的造勢計畫。這些計畫的推波助瀾，就有機會為你創造時勢，在預期時間內引爆、延燒大家的討論度，進而為商場帶來人潮與營業利益。

同時，若第一階段試營運的宣傳三波段算是好的開始，也需要有個階段性的漂亮結尾，而這個計畫中最後的造勢，將隨著來臺藝術家 Jordane Saget 的「告別公共藝術展演」來畫下高潮的句點。

我認為，這個連續性造勢計畫成功結合了商場與藝術家的關係，所以當主要贊助的忠泰集團與《PPAPER》雜誌決定邀請他，在離臺之前為臺灣留下一個禮物——在中正紀念堂創作他繼巴黎之後的海外第一次公共藝術作品，這個話題作為本階段的收場真是美好，於是我們也投入協辦了本計畫，在一週之內結合了諸多臨時熱情協辦的單位，完成了他的完美創作，也將他個人首次來臺的知名度與個人魅力推到最高點。將事件放到最大後有一個漂亮的收場，可謂相得益彰，完成多贏共好的策略。

▲ 藝術家 Jordane Saget 在中正紀念堂創作他繼巴黎之後的海外第一次公共藝術作品，為忠泰樂生活的連續性造勢計畫漂亮收場。© elephant.co / courtesy of PPAPER。

▲ 重量級藝術家來臺創作，是此次連續性造勢的第三波宣傳。© elephant.co / courtesy of PPAPER。

連續性活動不一定有高預算，更考驗資深公關的功力

回想起來，這樣的案子通常是可遇不可求，因為一個連續性造勢計畫，往往需要具備成功的客觀條件，以及足夠支撐的內容，才能夠完成夢想的推動。舉例來說，如果素材不夠多，就沒有辦法吸引媒體的青睞，素材不夠完整，媒體也會興趣缺缺，所謂巧婦難為無米之炊是不爭的事實，所以天生麗質者，只要找到好的媒人（公關團隊），就有機會把他漂亮的「嫁出去」。

這就像是我們點套餐時，會有沙拉、前菜、湯品、麵包、主菜（雙主菜），再加上一個可口的點心，最後來杯咖啡才夠完美。這種美好的體驗不僅是吃進肚子裡的人享有，對於促成這個完美套餐的主廚而言，也是一種莫大的成就感，尤其是當他還得到了完美又正面的評價。

還值得一提的是，不要以為連續性造勢活動一定有更高的預算，通常客戶的預算總是有限，你有沒有足夠的柴火去慢慢燒菜也很重要。若是客戶的預算沒有辦法像剝洋蔥一樣層層剝離，那麼你就要大鍋煮飯，再抽絲剝繭的運用工

具特性來鋪陳時間軸，算好端出來的時間給大眾享用。創造不同的小火花，進而達到一樣的效果，這是技巧，更是主廚多年練就的功力。

我很喜歡操作連續性活動，因為其設計要領其實與消費心理也有很大的關係，包括說故事的人要怎麼鋪陳故事的發展、營造故事的氛圍、點燃消費者的情緒，進而讓群眾產生嚮往追隨，或是達到瘋狂搶購的境界，這些都是連續性造勢活動的魅力，也是主廚（導演）的好成就。

當然，公關活動講究的都是即時性的成果，一個活動策劃了很久，結果天公不作美，或是臨時有其他重大社會議題發生，你的辛苦也可能功虧一簣。舉例來說，若在戶外——中正紀念堂舉辦活動，我們有很高的風險是天候問題。因為藝術家是使用粉筆水來創作，假設在創作時下了一場雨，導致粉筆水無法上色，他就有可能要被迫停工，那麼這個美意就可能被迫放棄，使得原本的構想無法付諸實行。所以公關人都知道，舉辦活動時許多關鍵要素缺一不可，惟天時、地利、人和才能達到完美目標，否則就可能留下小小的遺憾。

我再舉個例子，若要構成一波又一波連續性造勢活動，有時也可以靠公關人的策略推波，大家想想看，如果一個新手機要上市，不論是它有特殊的新功能，還是功能升級，要吸引消費者的青睞，通常我們就放大那個升級的技術，或是消費者使用的利益，就能滿足一則新聞的需求。但是當你要達到更長波段的連續性造勢時，有可能達成嗎？建議你不妨發揮創意去創造可能性！

舉例來說，試試能否邀請到品牌海外的重量級人物，或明星代言人來臺訪問，吸引產業線媒體甚至是電視臺採訪，當他真的訪臺時，再嘗試可否透過他來趟臺灣小吃之旅，以臺灣小吃的趣味性來營造代言人的親民風格，創造更多花絮議題。而此創意或許也可以透過社群的推波助瀾，來營造品牌重要人士來臺的親和力，讓故事可以繼續延展，又可以達到強化與本土的連結性，創造消費者的好感度。

除了電視通告、記者會發通稿，公關人還可以找 YouTuber 或ＫＯＬ（Key Opinion Leader）合作，與其對談創造話題引爆新火花，或是邀請３Ｃ達人做產品的測試報告，或是安排人物專訪，這些多元工具都是公關人可以巧妙運用的方法。資深的公關人員可用工具眾多，永遠不怕無工具可用，重點是有沒有腦袋罷了。

別讓外行領導內行，事件發展很可能「走鐘」

以上我說的句句實話，資深公關人培養的經驗在此，絕非一招半式的資淺人員可以提出的貢獻。所以，當你尋找外部公關公司合作，或招募內部公關人員時，都必須審慎評估其可以貢獻的核心價值，否則，沒有一定的專業經驗，反而會壞事。

我們最糟糕的經驗是「外行領導內行」，許多客戶找了非常資淺的公關人員，或是自以為是的主管來領導外部公關公司，不僅聽不進資深人員的建議，反而從中主導一些錯誤的方向與策略。這不僅導致事倍功半，甚至會因為一意孤行而誤導所有事件發展的方向，輕者可能延宕進度，重則可能得罪媒體或引發危機，這些都不能不格外謹慎。

連續性公關造勢強調快、狠、準，節奏明確快速，策略需要狠準，重效率，更重品質，在執行每一個環節中，要讓觀者與體驗者都覺得故事精采又高潮迭起。這個任務不容易，卻很過癮，若有機會值得一試，更值得挑戰。

公關叢林，活下來的就是狼

- 設計連續性活動與消費心理有很大的關係，包括怎麼鋪陳故事發展、營造故事氛圍、點燃消費者情緒，進而讓群眾嚮往追隨、瘋狂搶購。
- 「外行領導內行」容易聽不進資深人員的建議，甚至一意孤行而誤導事件發展方向，輕者延宕進度，重則可能得罪媒體或引發危機。

CHAPTER

2

比稿就像捕獵

01 業界都知道，我的比稿最龜毛

在公關界，「比稿」是耳熟能詳、天天都會聽到的名詞。比稿是指客戶從多家公司的提案中，經過評選後從中選擇一家來合作的過程，因此多數公關公司只要一有比稿機會就一定參加。

但比稿要花費相當的時間，動員公司不少人力，準備過程勞心、勞神又繁瑣，同時還會消耗並分散公司的既有資源，所以也不是所有同業都熱衷參與。與我共事過的同仁大多非常清楚，在決定要不要參加比稿前，我一定會先問客戶幾個問題，確認一些基本原則。

這些問題包括：

1. 有沒有和公關公司合作過？

2. 對公關的需求是什麼？
3. 有多少預算？
4. 比稿的形式是什麼？
5. 比稿的審核標準是什麼？

參加比稿前，先釐清五個問題

首先，已經有固定公關合作夥伴的客戶，會再邀請大家提案，通常是想要換代理商，另也有可能只是例行性比稿，兩者的目的性差很多。再來是也必須先知道，這個客戶究竟想讓公關公司做哪些服務？可能只是要發個新聞稿，也可能有長期的年度公關計畫，如果是後者，那麼公關公司需要提供服務的項目就會很多元。

而這也跟第三個問題「有多少預算？」直接相關，畢竟年度的公關計畫，和只是一個專案的費用大不相同，而且就算只是一個專案，也必須了解其規模大小和預算。

至於比稿形式和審核標準這兩個問題，目的是**要知道客戶想怎麼比，是「公開」比稿嗎？是比「稿」還是比「價錢」？還有哪幾家公司會參與？**

常有客戶被問到這些問題時會說：「基於保密的原則，我們不會告知還有哪些公司參與比稿。」此時我會請同仁直接婉拒邀請參與比稿。

我的理由是：不同類型的公司，能夠提供的服務內容和性質其實都不一樣，可能客戶自己也不了解，公關、廣告、活動、數位行銷等各種公司的差別，所以有時候一發出比稿邀請，會發現各類型公司全都來了。這種情況下的比稿只是在亂比，因為大家提出的方案根本無從比較，比到最後往往白忙一場。在溝通過程中，我不僅會說明不隨便參加比稿的原因，也會建議客戶，如何找到合適的對象來比稿。

有些客戶會表現得不耐煩，認為「叫妳來比就來比，幹麼問這麼多？」會有這種情緒一點也不奇怪，但即使如此，我還是堅持原則，一定要先釐清這些問題，才考慮參不參加。

別怕客戶不開心，協助他找到最適合作對象

只是比個稿，為什麼我的要求這麼「龜毛」？我有必須堅持的原因。一來，我覺得不論是客戶、品牌或企業，還是代理商，大家都十分忙碌，尤其是商業往來，時間最寶貴。**對公關公司而言，人力和時間就是最高成本**，所以我們很珍惜自己的時間，亦懂得珍惜客戶的時間。了解這些問題的過程，正是為了釐清客戶真正的需求、幫彼此節省時間，有效率的達到商業合作。

二來，由於目前整體行業的環境良莠不齊，廣告公司可以承接公關服務，公關公司有機會攬走廣告業務，數位行銷公司又能跟廣告和公關公司互搶生意，還有活動公司也來插花，不同專長的公司之間，究竟比較的基礎是什麼？

曾經有個邀請我們比稿的客戶，先前已經找過兩家國際大廣告公司提案比稿，但都沒有辦法達到他的需求，讓我很納悶：這兩家都不是小公司，怎麼可能如他口中說的「提案很差」？

在抽絲剝繭以後發現，這個客戶當時的階段需求其實是公關的策略，需要

先創造社會對議題的高關注度，等大眾開始高度討論後，才推出產品。但他的同仁在與廣告公司說明比稿時，並沒有正確的說清楚需求是什麼，加上又找錯了不同專長的比稿對象，難怪比稿結果一直打不到核心，不僅雙方都白忙，對廣告公司而言也不公平。改為由公關公司提案，制定出前導的議題溝通策略，等到順利發動議題後，這時廣告數位夥伴再進場，最後皆大歡喜。

再打個比方：當客戶決定找廣告公司包下年度服務，廣告公司才告知他們不會操作議題行銷，這樣客戶等於是花了錢，卻找到不合適的合作對象，得再多支出一筆預算，另外委託其他代理商來執行議題策動的任務。而我堅持的比稿原則，可以在前期協助客戶釐清，到底該找誰來比稿才有效，這樣不就能提升所有效率了嗎？

許多客戶被我們一問，才發現自己好像找錯對象了。接著會產生下一步的問題：如果公關公司不承接這樣的服務，那是該找廣告公司？還是其他類型的公司？

這時，客戶必須先知道自己要做什麼，是有廣告需求，還是要發展品牌策

黃鼎翎的比稿五大問

有沒有和公關公司合作過？	若已有固定合作夥伴，邀請比稿通常是想換代理商或只是例行性比稿，兩者目的性差很多。
對公關的需求是什麼？	客戶想讓公關公司做哪些服務，只是要發新聞稿，或有長期年度公關計畫，提案項目差很多。
有多少預算？	年度公關計畫和單獨一個專案的費用大不相同，就算只是一個專案，也必須了解其規模大小和預算。
比稿的形式是什麼？	是「公開」比稿嗎？比「稿」還是比「價錢」？
審核標準是？	不同類型公司提供的服務內容和性質不同，提出的方案無從比較，避免比到最後大家白忙一場。

略？要製作廣告影片，還是要開記者會？如果是要開記者會，找了活動公司來執行，但他們主要負責設計流程、場地布置、安排軟硬體設備等工作，但聯繫記者、發新聞稿等媒體事務，還得再另外找公關公司辦理……，諸如此類沒弄清楚真正的需求，就會把事情變得相形複雜。

我必須坦白說，**大部分的同業都不會像我問這些問題**，因為大家都怕還沒開始合作就惹得客戶不開心；而**不問的結果，往往是最後大家都不開心**。

跟實力相當的對象比稿，才有意義

或許有人覺得，「和誰比稿」這個問題很刁鑽，但我認為，知道是跟可敬的對手比，或是與完全不對稱的公司比，至關重要！

以全部都是公關公司參與，做年度公關服務的比稿來說，一個七、八十人規模的公司，和一個五、六人規模的公司相比，兩邊能提出來的品質、規格當然很不一樣，比稿結果誰勝誰負顯而易見，這時就可能出現削價競爭的狀況。

有時候，比稿對手的規模不相當，也會讓客戶很難評估。所以，**我都會奉勸客戶，最好找規模相當的代理商來比稿**，他們才能在一致的標準下檢視成果。

比稿始終是一場競賽，以我的經驗來說，有成功拿到案子的喜悅，也有失敗空手而回的沮喪，這些都是很正常的現象，所以比稿過程要讓大家都覺得很舒服，是不容易的事。而我所堅持的五個原則，就是為了讓比稿的前置作業能夠更周全，那麼不開心的狀況就會少一些，至少在大家都能理解彼此立場的情況下去比稿，會使人感受愉悅許多。

公關叢林，活下來的就是狼

- 比稿必須龜毛，因為耗時耗力，而人力時間是公關最高成本。
- 與規模相當的代理商比稿，才能在一致的標準下檢視成果。

02 就算沒拿到案子，掠奪本身就有樂趣

倘若你問我，從事公關三十年來，最興奮又樂此不疲的事情是什麼？我一定會毫不遲疑的回答：「當然是『拿案子』、『攻品牌』囉！」

對我來說，沒有什麼能比「攻案」（參加比稿）這件事更讓人興奮、來勁的。不論結果是否受到客戶青睞、拿下合作機會，攻案本身就是一件大事，因為那是我們盡情發揮，展現自己專業實力的最佳時刻，每一次過程都會激起團隊成員奮發追求成功的渴望，更何況，我還可以趁機激發並凝聚團隊士氣。

在多年前，有一家原本以網路及資安防護為主要服務的企業，為了跨足新的事業領域——手遊娛樂產品，邀請我們就數位與公關整合的年度服務方案去比稿。由於手遊產業在當時正如旭日初升，客戶這款遊戲的內容設計新穎、年

輕又刺激，前景相當看俏，所以當獲邀比稿時，大夥兒第一時間的反應除了備感新奇有趣之外，也覺得極富挑戰性，個個摩拳擦掌、準備大展身手，積極想和對手（包括我們在內，當時總共有三家公司受邀比稿）一較高下。

當時還有另外兩家公司參與比稿，彷彿狼群準備獵捕目標一般，三個團隊同時覬覦著前方的獵物。想要勝出，不僅需要具備優越精準的掠奪能力，更得有出奇制勝的策略方案。

我們團隊在多次腦力激盪過程中，認真仔細的剖析了競爭對手的優劣勢及其相關資源，也一再盤點自身所具備的條件與資源。期間大家踴躍提出想法、紛紛貢獻創意、再三相互激盪後，便開始著手布局這次的提案形式及內容。

在比稿內容全部規畫就緒後，只缺臨門一腳了，那就是：在正式提案時，團隊該以何種形象或特色出現，建立我們給客戶的第一印象？

我認為，這個細節在這次攻案過程中也是很重要的一環，因為，既然客戶主打的新領域是奇趣滿溢的數位遊戲娛樂產品，團隊成員服飾若能有別於以往中規中矩的襯衫、套裝，改為能夠呈現出充滿活力的風格，豈不更加吻合客戶的產品形象？

於是大家挖空心思、甚至是略帶小心機的，連客戶商標的配色都拿來作文章。最終我們決定，上半身穿著客戶商標搭配提案 slogan 所特製的T恤，下半身則是牛仔褲，表現我們團隊年輕、有朝氣的形象。提案當日為了避免提早破梗，團隊成員們上身還特別先罩著黑色西裝外套，輪到我們報告時，大家上臺後才依序脫下外套，展示出T恤上與客戶商標顏色相呼應的 slogan，並逐一介紹每句 slogan 的寓意及象徵，然後開始說明計畫內容。

當客戶看見我們展露出為了攻案而精心設計的服裝時，不僅眼睛為之一亮，甚至全都忍不住笑開了，那場景時至今日我仍印象深刻。最終果不其然，客戶除了給予提案內容很好的評價之外，更對於我們過程中高度參與、十足投入的態度表示極為讚賞，讓我們成功拿到了這個年度合約。

團隊成員步出客戶公司時都非常激動開心，因為一個用心設計出來的好創意贏得了提案，那一刻內心的滿足及成就感，確實是筆墨難以形容的。如果讓我來比喻，這就像是攻城掠地一般，看準了目標、做足了準備，然後憑恃著長期累積而成的專業，與源源不絕的創意和對手展開競逐，不成功捕獲目標絕不罷手，這個掠奪的過程多麼有滋有味！

掠奪獵物之前，先捍衛團隊士氣

但是，也不是每個公關人都能領略且懂得享受其中的樂趣。

前陣子有位資深的同業，同時也是另一家公關公司的經營者，以開玩笑的語氣對我說：「以前，我的同仁常說碰到你們公司就像碰到狼群，散發出來的掠奪氣息和捍衛本能很強烈，妳手中的客戶他們絕對不敢搶！」導致每次比稿只要聽到我們團隊參加，他們就會盡量避開，覺得根本不必浪費時間，因為**我一旦盯住目標就不會輕言放手，也絕不讓人侵門踏戶踩到我的地盤上！**不過我也不否認，有些時候我還真有幾分像他們形容的，是會捍衛自己客戶的狼。

公關業界都知道，**某些行業特別喜愛同時委託兩、三家公關公司**，分別執行不同的公關項目，他們認為有比較才有競爭力，**尤其是藥廠最喜歡這麼做**。

早期曾有家外商藥廠願意長期與公關公司合作，我們在合作期間也培養出良好的默契，那是少數我服務過的藥商。後來，其他有意來找我們的藥廠全都是採專案型態合作，無論案件大小，一律案案皆比，會由他們的採購部門先行評估各家公關公司，再邀請資格符合的一起比稿。

根據藥廠方面的說法，這是為了杜絕舞弊，有時甚至比稿之後還要再比價，因為他們相信，如果長期讓同一家公關公司服務，時間久了必然怠惰，也容易與公司內部的公關部門產生特殊的默契，進而形成弊端等。

這些藥廠客戶根深柢固的想法，我不太認同也難以接受，因為長此以往，公司同仁勢必將難以負荷「三天一大比、兩天一小比（比稿）」的壓力，再加上這樣也難以建立信任關係，所以我多半會放棄，這也是我後來鮮少服務藥廠的主因。然而其中仍有極少數例外，有家藥商的一項專案便曾經觸動了我，願意投入心思參加競爭行列。

因為這個客戶來邀比稿時，開門見山的說明了這個案子的需求及目標：期望建立與利害關係人的更深度關係，像是與高階醫療主管之間的交流；同時需要我們扮演各領域企業翹楚與利害關係人之間的橋梁，藉由藥廠、企業界權威、醫院代表的三方合作，達到建立客戶嶄新的公關形象與對外溝通成效。

這讓我很好奇：藥廠為什麼會想和企業家建立公共關係？另外，同時參與比稿的有些對手，雖然以往曾與這家藥廠合作過，但他們擅長的僅是處理醫師間的公關，這也引起我的興趣。再加上，我在盤點並評估我方的既有資源（我們和部分企業主有著良好的信任關係）後，認為應該足以支持我方團隊發揮創意與策略，與其他競爭對手抗衡，於是決定參與比稿。

想要攻城掠地，先評估自己的實力

經過幾番腦力激盪、反覆討論，我們大膽構思了「院長級」的高階溝通策略，來媒合企業翹楚與他們之間的互動，這個提案果真贏得客戶的青睞。

我們規畫了為期一年，總共五至六場的系列活動，邀請不同產業領域的企業主或經營者，包括當時許多指標企業的重量級企業家，都來參與了這場與醫院高階主管的專業交流，蔚為特色。

在舉辦活動期間，企業領袖多半是與各大醫院的醫師們在舒適的空間、輕鬆的氛圍中相互交流，盡情分享一些其產業界感興趣又先進的話題。每次的安排，大家都能敞開心胸暢所欲言，討論得非常盡興且意猶未盡，連帶的也讓客戶在邀請醫院管理階層參與這項沙龍活動時，變得非常輕鬆容易（因為專案的目標，就是想在三方管理階層之間建立良好的關係）。

事實上在提案前，曾有同仁私下悄聲問我：「有幾位企業領袖我們不是很熟，妳真的有把握嗎？」我回答：「我們在提案中有表列出來的邀請名單，尤其是我還敢在客戶面前大聲擔保的，一定是有十分之九以上的把握。」因為我必定權衡過雙方合作的利益，若企業領袖也想藉此機會認識大醫院的院長與副院長，擴展自己的人脈資源，這將是雙方互利的美事，有何不可呢？

我認為，在這類型的專案上，**領頭狼必須具備應有的評估與自信**，想要攻城掠地，也得先評估自己的實力，務求把提案的風險降到最低。

帶兵打仗如果不是胸有成竹，那無異於帶著夥伴去涉險，若是每比一次稿，反而讓團隊成員多一份挫敗感，這樣不僅沒有攻「成」，甚至可能還會折損自己團隊的士氣，我會盡可能避免這樣的情況發生。

所以，不管你是領袖或是團隊成員，群體的默契、彼此間的保護與信任，缺一不可，這樣才有可能打一場漂亮的仗，即使輸了，也能雖敗猶榮。

公關叢林這樣闖，活下來的就是狼

- 比稿就像獵捕，一旦盯住目標就不輕言放手，也絕不讓人侵門踏戶到自己的地盤上。
- 領頭狼必須具備評估能力與十足自信，把提案風險降到最低。如果不是胸有成竹，那無異於帶著夥伴去涉險。

03 拿下這個客戶，我準備了至少七年

我的公關生涯前期所服務的客戶，大多是生活用品、美妝保養、服飾精品、食品、家電、餐飲零售等民生產業，對於當時正蓬勃發展的3C產業，我一直抱持高度的興味及關注，但可惜無緣涉足，只有辦過科技相關的發表會與活動的零星經驗。

那時的3C產業多為跨國企業，亦是公關預算高的大型客戶，不過大多是用「比稿」來選擇代理商，要想爭取到這個新興產業的客戶，公關公司就得消耗大量心思及時間，使出渾身解數端出「十八般」創意實力的比稿內容。

記得那一年，當時還沒有充足3C產業實戰經驗的我們，意外接到某知名品牌手機的電話：「〇〇跟我們推薦，聽說你們的公關服務受到很多客戶的好

評，我們公司計畫召開比稿，你們有沒有興趣參加？」

雖然，我曾耳聞X牌手機對代理商的要求很高，想獲得青睞並非易事，但這個可以進入3C領域的機會都主動上門邀請了，我怎能怯戰？當然得全力以赴的積極爭取！

在客戶提出比稿需求之前，我和團隊同仁便已先著手蒐集可觀的市場數據調查資訊；聽完需求說明後，我也特別謹慎的向客戶提問確認了比稿的評選標準。由於，這是年度服務合約的公關大比稿，除了客戶的整體預算比單一案件高出許多之外，參與比稿的競爭對手也都是深具實力與規模的同業，其中更不乏已有充分3C產業服務經驗的佼佼者。為了迎戰，我們團隊使出全力，幾乎夜以繼日的花了近兩個月時間，卯足了勁做好參與比稿的準備。

以欠缺相關經驗為由淘汰我，理由很瞎，我不服！

經過漫長的「第一輪」比稿（所有參與比稿的公關公司先向客戶提案，客戶初步篩選出候選公司），客戶轉達了評審團給予我方的回饋，並表明期待我們能調整企劃內容後，跟另一家對手進入「第二輪」比稿。

獲悉得到進入第二輪比稿的機會，而且是跟可敬的對手競爭，我和團隊的士氣備受激勵，更想繼續往前衝刺。於是我們很認真的重新檢視並調整提案內容，準備最終決戰，但結果我們並沒有勝出，而是由另一家代理商贏得比稿，即是原本服務X牌手機的公關公司得以續約。

倘若比稿結果不如預期，原則上我一定會請教客戶原因，作為往後修正精進的參考，通常客戶也會善意回應，但沒想到這一次得到的答案竟是：「其實我們認為你們的提案內容很好，看得出來你們是一個很有創意的團隊。不過，第一，我們覺得你們沒有原先服務的公司了解我們；第二，你們沒有3C產業實際經驗，我們難免擔心……。」

坦白說，X牌手機的第一項理由我心悅誠服、完全接受，因為事實上，我們確實不比原本就已服務的公關公司了解他們。但第二個理由我就不太能認同了，甚至感到驚訝與錯愕，不禁反問客戶：「當初邀請參加比稿時，你們就已經知道我們沒有3C產品實戰經驗，但第一輪比稿之後，你們也認可我方的提案內容很好，才讓我們繼續做第二輪比稿，這證明了我們對3C產業也有相當深度的研究與了解，不是嗎？我們沒有實際經驗並不代表不會做，而是應該給予合理的時間來證明我們的能力。因為在業界我們都知道，更換代理商原就有時間轉換成本，這應該無法構成不選擇我們公司服務的理由，假如這理由成立，那從一開始就不該找我們來比稿！」

在我據理力爭之下，客戶似乎有點愣住了，於是開始安撫解釋：「不好意思，不是這樣子的，只是我們真的會有些擔心。」我清楚直白的繼續表明立場：「假設你們有一絲擔憂，我真心建議以後別找沒做過3C產業的公關公司比稿，否則只是浪費彼此的時間。」因為**對代理商而言，時間與人力就是我們最主要的成本，勞師動眾的比稿更是**，所以有些代理商會要求合理的比稿費，而有些跨國客戶會給比稿費用的原因也在此。

拿不到大企劃，那就從小案子開始

也許是我們上次提案時的表現，讓客戶留下了深刻的印象，事隔兩年後，X牌手機再召開年度比稿案時，又來邀請我們參加，當時的我們也依然沒有3C產業的經驗。

由於比稿的聯繫窗口換人了，為求審慎起見，我特別先挑明了提出：「上次比稿，你們因為擔心我方缺乏3C產品的實務經驗，以致我們沒有獲選。這項因素是否也是這次評選的考量？如果是，我們就不便參加了。」對方再三保證絕對不會，我也就在此前提下決定再次參加比稿。這回我和團隊夥伴充滿信心的做足準備，也順利進入第二輪評選，結果，又再次敗下陣來。

我照例向客戶請教沒能獲選的理由，竟然又和前次一樣——他們擔心我方缺少3C產業的實際經驗。我當下心想：「我不會再參加X牌手機比稿了！」因為參加這種大型比稿，我的同仁、整個團隊要經過非常多次的腦力激盪，不僅是付出時間、貢獻智慧，更是恨不得把腦細胞都榨光，就為了能在短期內構思出最適合、有創意、且令客戶驚豔的提案。然而，最後落選的關鍵不是我方表現不好，卻要我的同仁承受這非戰之罪，讓我萬般不能接受。

但稍微成長的我這回並沒有因此拂袖而去，由於當時實在非常渴望能將公司跨足到3C領域，一方面3C產業正極具發展前景，另一方面他們也是公關預算規模較大的產業客戶，因此狼性堅強的我直接向對方提議，若是擔心我們沒有經驗，可以試著先從單獨的專案開始合作，這樣我們也有更多機會熟悉這個產業的實務，而對方也認同這做法，所以同意我們找適切的專案合作看看。

沒想到的是，這一回比稿勝出的公關公司才接手兩個月後就出了一些狀況，客戶主動回頭來找我們支援一些專案內容，大約協助了一個多月之後，X牌手機就決定把案子全部移轉到我們公司，也意外簽訂了長年合約。

從那時開始，我們雙方的合作關係長達了十幾年，X牌手機可說是我當時最重要的客戶，也是讓我進入3C領域的第一個客戶。當時它是產業裡的領導品牌，而我們從服務X牌手機開始，就有一系列非常亮眼的成績，以創意受到業界的關注，並與客戶締造了很多成功案例，內心無限感激。而我們作為一個忠誠的合作夥伴，一起邁入最輝煌時期，直到它決定撤離臺灣的前一天，我們發表了相關對外聲明後，才撤離公關夥伴的崗位。

沒經驗、沒人脈，全憑優異提案

另一個讓我窮追不捨，但又是因為沒有實質服務經驗，而接連輸掉兩次比稿的，是家用汽車領域。不過除了這個原因之外，這產業選擇公關公司的方式，一樣非常依賴服務該產業的經驗值，因為某一家整合行銷活動公司的高層曾在汽車產業任職，而且他們擁有豐富的實戰經驗與口碑，只要他們參與比稿，其他公關公司多半都是陪榜的分，所以很多汽車品牌都是他們的客戶。

因此當接到客戶第二次邀請我們參與比稿時，我聽到那家公司也有參加，一方面忍不住心想：「何必呢？花那麼多心思準備，最後也不會選我們！」另一方面，想涉獵這個領域的欲望又告訴我自己：再拚一次吧。

這一回，可能是因為我們各方面表現真的很優異，提出的創意和策略，甚至與廣告有關的腳本發想等都頗具特色，雖然還是缺少汽車領域的經驗，未能一舉拿下家用車系的長年服務合約，但客戶也破例決定將其他商用車系獨立出來交給我們負責。儘管不是原先鎖定的家用汽車領域，但能從其他產品線開始合作，仍是向目標邁進了一大步，這種公關公司跨領域的學習成本，由此便可看出一些端倪。

輸在檯面下的人情關係，怎麼贏回來？

公關比稿，雖然比的是策略、創意、解決方案、公司團隊與人才、執行成效評估、或是最後的價格……但這些公開指標，難免還有關係、人情等非理性的考量，若是輸在這些檯面下的「標準」，我反骨的執著因子會讓我更想挑戰，爭取到底。

有一家公司，他們每三年就會比稿一次，由於我長期研究其產業，對於他們的經營性質和遊戲規則，用瞭若指掌來形容都不為過。於是，我雖然知道這家公司因為長期有穩如泰山的公關夥伴，但在他們邀請我方比稿後，我就不信邪的決定大膽參加他們的比稿。

第一次比稿的結果果然名落孫山，但我檢視我們的提案內容，覺得下次仍可一拚。三年後，我信心滿滿的與團隊再度參加比稿，沒想到又鎩羽而歸。到了第三度比稿時，距離第一次已經過了七年，團隊成員忍不住提出想直接放棄。因為業界有傳聞，這家公司評選出來的代理商，一直都是同一家公關公司，從沒換過，而且由於合作關係緊密，交情匪淺，其他代理商很難突破。

過往的教訓確實擺在眼前，我也自問：真的要再試嗎？但我不信邪、不服輸的個性，自認對產業的專業研究不可平白浪費，當然得竭盡所能進軍這個產業服務，才不負自己。所以我決定再給自己一次機會，參加第三次比稿。

在看到客戶這次的比稿題目有別於以往，我判斷他們積極想做一番改變，不打算再沿用舊有的公關策略與思維，於是我和團隊也轉換策略，在提案內容中擘劃了大膽創新的想法，既然毫無把握，姑且放手一搏。終於，我們在第三次的比稿後傳出捷報！

我想，不管是哪個產業、第幾次比稿，這個競爭過程其實非常辛苦，也非常具挑戰性。但是就和狼一樣，我們只要確認對公司有利，或是極度想嘗試，一旦鎖定：「這就是我要的！」就不會輕言放棄，一定鍥而不舍的追到底。

想要的，就追到底，是我們的業務驅動精神，就像我的天性。

公關叢林，活下來的就是狼

- 越大的企業或品牌，選擇代理商越謹慎，直接交給沒有實戰經驗的公關公司操作，他們理所當然會擔心。
- 機會始終是留給準備好的人，做好產業研究、持續參與公平的比稿，成功契機終會出現。

CHAPTER 3

三十秒廣告說不清楚的，請讓公關來

01 想開記者會？記者不是你請了他就會來

辦活動、開記者會或發表會、發新聞稿等這些工作項目，固然是許多公關公司的日常，但如果你以為公關公司只能（或只想）辦記者會，這恐怕是完全誤解了！

事實上，公關公司在協助客戶與外界溝通時，舉辦記者會只是其中一種「形式」，至於要不要採行這個形式，我認為應該依據公關策略的目標，和想要達到的結果來決定。

不同的公關策略，會有不同的規畫，**記者會未必適用於每一次的策略，所以它不是最好的選項，也不是絕對必要的配套方案**。但不可否認的，辦記者會對公關公司而言有一個很大的優點，或說是便利性，因為只要舉辦一場活動，就可以把平面、電子、網路等海陸空媒體全部「一網打盡」，這種全面性的媒體溝通，一次便能將客戶想傳遞的訊息清楚完整的傳送出去。

而且，媒體透過記者會取得的訊息資料大多一致，所以公關人員能更方便管控內容，降低出錯風險，會後只須追蹤資訊是否完整、有無補充需求，再監看媒體露出成效，就可以等著結案。再加上，一般的記者會往往會壓縮時程盡快完成，以公關代理商的立場，可以辦完一檔接著下一檔，時間上符合經濟效益，作業效率也較高。

所以我認為，只要有需要、不是為辦而辦，安排記者會作為公關活動之一，沒有所謂的對錯。假如公關顧問評估新聞議題能升高到一定程度，明顯可以吸引各路媒體前來採訪，這時當然要敲鑼打鼓的舉辦記者會，不然明明是有亮點的議題，卻只在少部分媒體曝光，豈不是太可惜？

就拿某知名餐飲品牌來臺開店的例子來說，在與客戶溝通「首度登臺展店」這個議題是否值得舉辦記者會時，我們經過分析後認為，以該品牌的知名度，加上「創辦人〇〇主廚親自站臺」是其中的絕佳賣點，而其定位以「平民的米其林餐廳」為溝通核心也能創造話題，這些素材足以吸引許多媒體以及各界人士的關注。當我們再進一步評估，記者會上確實能夠提供豐富、精采的場景畫面，舉辦記者會似乎更是勢在必行了。

但若是沒有這些亮點訊息，就算辦了記者會也未必能吸引媒體前來，達不到想要的效果，不如轉換成單一種類媒體的採訪通告。像是可以創造自家適合拍攝的場景，直接安排電子媒體採訪攝影，其他平面媒體則全部發新聞稿，這樣綜合呈現出來的效果也未必會遜於記者會，同時更符合辦理成本。這些都必須經過專業評估，才能決定舉辦形式，所以我才強調：「記者會不是想辦就可以辦。」

議題強、畫面衝擊，媒體才會理你

好幾年前，我好朋友的公司，也是知名的某製傘品牌，委託我們辦理旗下新功能傘的發表會。由於這把傘的最大特點是其降溫能力，當在豔陽下撐著這把「凍齡」傘，透過特殊機能的傘布創新設計，可以明顯感受到溫差，能有效降低傘下的溫度。因此，為了要讓出席的媒體身臨其境，並即刻於現場體驗其使用成效，凸顯具體事證來強調產品的功能，我們就在發表會的戶外廣場架起了一片洋傘天空，讓亮麗的凍齡傘直接接受日晒，也讓模特兒及媒體採訪者自由在傘下穿梭，拿著溫度計測量傘內及傘外的溫差，親身體驗，眼見為憑。

這樣的活動畫面設計，加上邀請氣象專家證言，不僅有科學的說服力，更讓畫面充滿多元的故事張力，如預料中的，當天殺了很多攝影媒體的底片。

我再舉個例子說明。若是推出防水性能強大的手機，就必須專注在該手機的防水性能來發想創意畫面，可以找個人跳進水裡使用手機，也可以拍攝邊淋浴邊使用手機的畫面，當然也可以找潛水專家展現手機的防水性，這些都是靠創意搏版面的方法，而這樣的創意也凸顯出你的公關創意能量，吸引媒體青睞。

另外，若是把手機直接丟進魚缸裡測試防水性能，那麼發表會的議題與畫面便會截然不同，成效當然也會大不同。同樣是凸顯手機的防水性能，但這個做法可能就不需要辦記者會，而是可以找該產業的主線媒體現場實證、親身體驗，此時或許做個小型的媒體體驗會即可，更能達到深度溝通的效果。所以我常說創意影響舉辦的形式，但是舉辦的目的才是選擇公關操作型式的關鍵。

同樣是手機發表會，選擇地點也會影響議題的張力，無論是在飯店、餐廳，或是在河床上，抑或是登高山、上飛機、進停機棚、入故宮等，也都能蹭些話題，引起媒體的興趣，這些都是公關人發揮創意最好的挑戰。

我還有過一個實戰經驗是，我曾為服裝品牌辦過街頭時尚秀，當時客戶剛進入臺灣市場，又是發表新一季服裝概念的季節，因此希望把記者會、新裝發表會、VIP鑑賞會合併起來，全都辦在旗艦店裡。當時我預估旗艦店空間有限，從模特兒、藝人、貴賓到各種媒體記者，會有上百人到場，店面根本無法容納這麼多人，如何能做到三大需求合一的結果？

就當我站在位於忠孝東路的旗艦店前發愁時，突然驚覺，路上來往的都會男女不正是客戶的目標客群嗎？何不就把馬路當成伸展臺，讓服裝秀直接融入臺北街頭，創造都會感呢？結果這場首次戶外街頭走秀，製造出張力強大的話題，各大媒體都以大篇幅的照片刊出新聞，成功達到媒體效果，也符合客戶的需求，皆大歡喜。

我再舉一個非常有趣的例子。有看過國際切肉大賽嗎？想想看，如果你是媒體，要去採訪國內首次舉辦的切肉大賽，那麼你需要的畫面會是什麼？當所有牛排的厚度、寬度、油花分布都不同時，競賽的遊戲規則會是什麼？可想而知的是，閱聽眾最想看到的會是切肉師如何切肉、工序如何、怎麼挑選牛排、如何辨識油花部位、如何斷筋，或是想要了解國際切肉大賽的獎金有多吸引人、切肉師的職業甘苦等。當主辦單位都一一準備好這些畫面，你會不會願意穿著禦寒衣、在七度的低溫環境下，扛著攝影機接受這個採訪通告？我想答案顯而易見，公關人做足這些好議題及畫面設計，就是引君入甕的不二法門。

推演一切細節，才是專業工夫

當記者會的規模越大、挑戰度越高，我們的事前準備工夫也必須越仔細、越充分。

像是時尚秀搬上街頭，必須先跟警察局報備、規畫走秀動線、模特兒在哪裡停留、停留幾秒，還要預估會有多少媒體出動攝影機來採訪，在寬度有限的馬路上，攝影機要架在哪裡才不會影響交通，避免違規被開罰等複雜的重要行政工作。我們也曾在捷運車廂內辦過活動，活動過程中也會使用到捷運月臺，需不需要事先申請、有沒有什麼使用限制等，公關都需要縝密考量、事前預演。

環境上的種種限制、多如牛毛的問題，都必須一一克服、妥善安排，**因為只要一次成效不好，不要懷疑，客戶隨時都會發出質疑及不信任**。所以，我很重視與珍惜自己的口碑，力求每次出擊都要能令人眼睛為之一亮，這樣客戶才會相信我們的專業及執行力，日後才更有意願聽取我們的建議。

如果深入探討公關工作的枝枝節節，真的是非常迷人又好玩，更包含諸多專業在其中；可是實際執行時又極度耗損人力心力，因此我常說，公關的魅力是用辛苦去交換來的。

喜歡玩創意、熱愛挑戰新事物，隨時注意做出可行又有梗的議題，這樣才有機會吸引媒體，如果做不到，你就甭玩了。

公關叢林，活下來的就是狼

- 不同的公關策略，會有不同的規畫，記者會未必適用於每一次的策略，所以它不是最好的選項，也不是絕對必要的配套方案。
- 活動一切細節都需要縝密考量、事前預演，因為只要一次成效不好，客戶隨時會發出質疑及不信任。

02 公關最高招，用議題改變消費者行為

大約在二十年前，我們公司發想了一個至今仍令人津津樂道的策略和創意，協助了客戶的新產品上市，而這個新產品——紙巾，在當時確實也非常特別。

以往，大家會拿來清潔桌面的工具，不外乎是抹布，那時消費大眾還沒有見過紙巾這類產品，因此當紙巾想要進入清潔用品市場時，我們仔細分析後，鎖定它最大的競爭對手是抹布。

與抹布相較，紙巾比較貴，撕下來用過後就得丟棄，無法再次使用，要如何讓很會精打細算或節省的家庭主婦願意換掉抹布，改用紙巾？在考量到雙方的競爭關係後，我們發展了一個重要策略，關鍵思維是：既然紙巾的對手是抹

布，那我們是不是該找出抹布的劣勢，並刻意放大紙巾的優勢，以說明為什麼紙巾可以取代抹布？於是，我們想出了一個很酷的策略——把抹布拿去做髒汙實驗。

我們委託公信單位，分別從小吃店、日本料理店以及一般家庭，這三個場所拿了使用過的抹布，也就是從三種不同來源做抹布的抽樣，進行客觀公正的檢驗。驗什麼？檢驗抹布中的「含菌數」。為了讓檢驗更公正不偏頗，檢驗單位讓抹布在檢驗前先煮沸過，再根據不同時間與煮過次數進行客觀的含菌數檢驗。當有公信力的檢驗單位報告出來後發現：哇！就算是經過沸水高溫殺菌後的抹布，含菌數依然驚人。檢驗單位也派出專業人士說明原因，這個出人意料的結果，在當時自然成為高關注的新聞議題。

「大家知道抹布有多髒嗎？煮了那麼多次，仍然無法把上面的有害菌種消滅！」當時的報導幾乎都是這樣的標題訴求，而電視新聞的呈現，就是家庭主婦在反覆煮抹布的畫面。那次的實驗成為各媒體民生版爭相報導的頭條新聞，這個議題成功發揮了極高的關注度。

隔天客戶廚房紙巾的廣告曝光，產品隨之上架問世，立即提供比抹布更好的選擇，也成功教育了消費者使用廚房紙巾的優點。這個案子的策略奏效，影響輿論討論巨大，也為我們贏得客戶極大的肯定，無疑是一個「公關策略影響消費認知與行為」的優質案例。

成功的置入，悄悄改變人的態度

還有一個經典的案例，是在我們開始為某品牌的蔓越莓果汁提供公關服務的初期。它是當時臺灣市場上唯一含純粹蔓越莓濃縮成分的果汁產品，口味酸酸甜甜，很受女性消費者喜愛，銷售成績相當不錯。但在其產品項目中，唯獨有一款大容量的原汁商品是沒有甜味的，比起香甜好喝的果汁商品，想要在市面上推廣這款原汁產品，可想而知其困難度相對高出許多，因此我們的第一個任務，就是得協助客戶為這項產品「加持」。

於是，我詢問客戶：「你們這項產品有何利基點？」客戶說明：「這產品在醫學上是有效果的，而且還是最好的。」我聽到後有點喜出望外：「究竟是什麼效果？竟然還是最好的！」客戶繼續解說，國外的醫學會研究報告中都有這方面資料，載明蔓越莓是能夠預防泌尿道感染、保護私密處健康、改善女性膀胱發炎等問題的天然保健水果。

了解產品的優勢之後，我仔細思量，若是能由專業人士來發表這類訊息，或是推薦商品當然是最合適的，但坦白說，**醫生是很難被影響的利害關係人，我們想要讓醫生去推薦產品，哪有那麼容易**？尤其那還是將近二十年前，現實環境比現在保守許多，醫生如果推薦病患去買某家公司的產品，不僅得賭上自己的信譽，甚至還可能被檢舉。

想知道公關如何突圍嗎？

我們先從客戶提供的情報知曉，臺灣每年都會舉辦研討泌尿道方面的醫學會議，通常選在世貿中心或君悅飯店這樣的地點，以論壇的形式進行一至兩天。會場外同時會就近安排多個像是小型園遊會的攤位，攤位的業主多半是泌尿道相關的醫材廠或藥商。這些攤位除了支持論壇，另一方面也是為了讓醫生們在中場休息時可以隨處看看，了解市場上有哪些專科診療中可派上用場的新器材、新產品等。於是我們就跟客戶討論去「參一咖」擺個攤？客戶決定了，我們就一起去設攤。

若是想要藉由拿著國外的醫學研究報告，一一去拜訪醫生，他們哪有那麼多閒工夫聽我們解說，就算是耐心聽了，也不見得就有意願協助推薦產品，而這次設攤，是我們能夠一次接觸到大量泌尿專科醫生，向他們傳遞訊息的機會。因此，我們必須做足準備，客戶攤位上除了張貼有醒目的國外醫學會研究報告，來吸引醫師關注詢問，但畢竟設攤只是短暫一、兩天的交集，光是這樣做不夠，客戶又搭配了另一個方案。

有鑑於醫生和護理師都常常需要對病患或民眾做衛教，所以客戶嘗試把產品資訊包裝成「衛教手冊」。而這份衛教手冊的內容就像一般衛教單一樣，只是叮囑病患就診回去後，應如何用藥、用藥前後須注意哪些事項，手冊中完全不出現客戶的產品，只在最後一頁技巧性提到有一種果汁無添加糖，有助於泌尿道感染恢復，加快復原速度，並附上國外醫學研究報告佐證，沒有任何商業文字，也不會觸犯法規。

因為手冊中沒有商品及廣告內容，醫院檢覈就不致有問題，不會給醫生帶來困擾；而病患就有機會從手冊內容得知，這種已被國外醫學報告承認，能幫助病情復原的果汁原來在通路有販售，也達成了我們推廣的目的。

於是在攤位現場，我們先拿醫學報告給醫師們參考，接著提出做衛教手冊的構想，並提供幾種手冊雛型給他們參考，說明我們將如何呈現這種果汁的資訊，一方面請教大家的意見，另一方面也探詢是否適合在醫院提供給病患。有些醫師告訴我們，可以直接聯繫醫院專科的窗口，後來我們果真用衛教手冊的策略突圍，成功透過此策略告知消費者有另一項保健的新選擇。

由於這款產品的效果也確實不錯，後來更有護理師會明白告知患者，可以參考衛教手冊最後一頁的介紹，選擇相關產品來保健，這不只改變了消費者的行為，甚至還改變了醫護人員的推薦行為，品牌客戶的公關策略得宜，帶來的消費者教育成果也得以顯著展現。

廣告來不及改變的，讓公關來

學者專家的證言、引用國際醫學會的報告資料，或是醫生撰寫的保健專欄，這些由第三方具公信力的單位或專業人士發表的訊息，都是公關最常運用的策略和手段，因為專家的意見往往可以主導消費意向。

以公關改變消費行為成功的案例，還有統一ＡＢ優酪乳、SK-II 等，這類的公關策略或手法，大多是從產品的某個特殊成分開始「教育」，和消費對象做深度的溝通。

就像是衛生棉，早期的商品訴求是比厚度，後來演變成比輕薄度，但在寶僑（P&G）再推出宣稱能消除異味、吸收分泌物的護墊時，他們透過一些實驗告訴消費者，為什麼女生需要使用護墊？哪個年齡層、什麼季節最適合使用護墊？而那些調查數據、實驗結果，有時都是公關策略的操作成果。

我們常常進行消費者洞察（insight），也就是挖出產品背後消費者的樣貌，讓客戶產品能更貼近他們的需求。要把這個結果透過一分鐘，甚至只有幾十秒的廣告，其實是說不清楚、表達不完整的，公關扮演的就是接續的角色，把廣告所提出重要的訴求，裡面很多數據、實驗的結果，從旁做深度的解說。換言之，**公關是深化大眾對產品的知識與印象，以及更進一步了解產品的內涵**，尤其若是公關再結合ＫＯＬ，以他們的意見來為產品背書，將更容易取信於消費大眾。

我曾經幫某家用大品牌策劃過一支保溼精華液產品的公關案件。每次提到這個案例，當時的產品經理（現在已是某大品牌大中華區的總經理）總會對我說：「我每次想到妳，就會想起那個案子。」

早期，兩大家用品牌聯合利華和寶僑家品，都是靠廣告來宣傳產品為主。記得當時某品牌的負責人問我：「公關究竟可以幫什麼忙？我們每支產品都在大談『保溼』，其他業者也同樣強調，到底誰來發聲才能令消費者嚮往，跟著一起使用我們的產品？」於是我大膽啟動了一個「百位名模試用」的活動。這個手法現在很常見，沒什麼特別之處，但在當時，創意與做法卻是開創了業界風氣之先，我常常笑說這是現在所謂ＫＯＬ的起源，其實一點都不假。

我與知名模特兒公司合作，把產品試用品發給他們的模特兒，請大家扎扎實實的試用七至十四天，並逐日記錄使用心得，我們再把模特兒們回饋的報告數據如實整理好，在記者會裡忠實的向大眾公布。這是首個由百位名模見證的保養品，而見證裡面的消費者使用心得全部包括在其中。

雖然這支保溼精華液不是客戶的主打產品，但經過這一番公關操作後，變得有模有樣，頗有年度重點產品的架勢。這個由ＫＯＬ提出試用心得的做法是我們首創，換來的效益和成果是讓消費者覺得：既然名模都覺得好用，可以相信這支產品一定很不錯。果然，這支產品後來締造出令業者為之驚豔的銷售量，同時也是該品牌覺得我們團隊表現非常出色的一個案例。

一項產品上市後的成功關鍵，就是公關要走在所有行銷活動之前，是整個計畫的火車頭，當公關策略改變了消費者行為、影響了推薦人的態度，後續的銷售成果自然可期。

公關叢林，活下來的就是狼

- 公關是接續廣告的角色，深化大眾對產品的知識與印象，以及更進一步了解產品的內涵。
- 由第三方具公信力的單位或專業人士發表的訊息，是公關最常運用的策略和手段，因為專家意見往往可以主導消費者意向。

03 光環永遠是客戶的，我們當幕後英雄

公關工作饒富趣味，但也極具挑戰性和高度競爭，如果想從客戶手中拿下一個服務的專案，公關公司與客戶之間，必須先有拜訪、主動蒐集資料、簡介自己、聽取完整的客戶簡報，保持良好互動，直到取得客戶的基本信任後，才能進一步發展到能夠為客戶提案的階段。

不過，在建立客戶關係這方面，我卻有那麼一點小小的幸運，我的工作同仁無須像其他同業的員工一般，得先辛苦的透過陌生拜訪接觸新客戶，反而是許多長期往來的老客戶和媒體朋友們，常常會主動向新客戶推薦我們。

然而，不論是客戶主動找上門，或是經由提案、比稿爭取到服務客戶的機會，公關人都應該很清楚，我們要成就的，絕對是「客戶的目標」和「客戶的

價值」。因此，要學習並自詡做一個幕後的英雄、隱形的冠軍。

不過我們有個同業的作風與眾不同，我想就算用很「奇特」來形容，也不為過。

客戶才是發表會主角，公關站在幕後就好

公關公司替客戶舉辦產品發表會時，會協助代擬給媒體及貴賓的邀請函，內容依序大致是：客戶名稱、邀請緣由、重要的記者會內容、歡迎蒞臨等敬語，最後附上客戶及公關公司的聯絡人資料，整封邀請函裡，絕不會提到這場活動是由哪一家公關公司承辦。

但這家同業或許是想走創新路線，他們發出去的邀請函裡，開場白即是在介紹自家公司，像是擁有哪些資源、有多少團隊、得過哪些獎等，接著才進入主題，說明客戶的活動，最後註明客戶的資訊。

曾有媒體朋友收到這樣的邀請函後來問我：「妳知道這到底是哪一家公關

同業嗎？怎麼這樣寫媒體邀函？」反客為主的內容，讓我著實驚嚇。

我認為，知道「誰是主角」這件事情非常重要，對我來說，這是公關公司提供服務時的基本原則。即便是我們的創意能在競賽中得獎，也是因為有客戶給予舞臺，所以每次得獎時的致詞，我第一個感謝的一定都是客戶，接下來是團隊同仁，因為如果客戶不同意這份提案，不理會或不敢接受我們的創意，這個案子壓根兒不會發生，更甭說實現成真。

若是想做幕前的英雄，我會強烈建議去客戶方的公關部門，如果願意做幕後英雄，那麼絕對適合留在代理商。身為公關人，「了解自己的定位」格外重要，必須先搞清楚，光環、掌聲永遠都是給臺上的客戶。

發想創意只是點火，成功是團隊的結果

另外還有一件讓我印象深刻的事，我特別想和有志投入公關領域的年輕人聊一聊。

很多年以前，我有一個非常優秀的同仁，他很有才華，尤其是創意能力絕佳，他發想過很多、很精采的公關創意，其中包括了某洗髮精一連串的品牌活動。當時品牌延續香港與臺灣的廣告策略──「小姐、小姐，可以幫妳洗頭髮嗎？」，因此我們的品牌活動就呼應了當時的創意廣告，設計由廣告男主角全面參與公關活動，讓他推著一輛移動式洗髮車，在街頭隨機邀請路人來洗髮，體驗使用該洗髮精洗髮後的美好感受。可想而知，那會是一連串新鮮又有趣的產品體驗活動。

在這位同仁主導的動腦會議中，團隊成員果真激盪出五花八門、但又確實可行的做法，除了在鬧區街頭突襲路人之外，還包括了夏日到水上樂園幫全身溼答答的泳客洗頭髮、教師節到孔廟洗建中校長的頭髮等。結果，這些活動創意不僅擴大了體驗行銷的成效，也由於議題非常新鮮，爭取到各種平臺媒體的曝光。

能達到這樣的成果，我們整個團隊都很雀躍，大家都因為這個策略與創意滿滿都是公關亮點，覺得自己真的做得很棒。但主導創意會議的這位同仁，就顯得有些自滿、驕傲了，待人態度上開始變得有些強勢，甚至不斷在客戶面前邀功，凸顯自己才能的優越。

我想強調的是，不管是在企業裡的公關部門，還是專業的公關代理商，公關工作都是 team work，**只有「你一個人」，沒有夥伴，也無法成就「你的案子」**，並非這個創意是你想到的，就代表這整個活動都是你一個人成就的。要知道，大部分的案子都是從某一個人的創意蹦出來，再經過團隊的大家反覆推敲琢磨，讓創意變得更成熟、可執行，而你，只剛好是點起火花的那個人罷了。

搞對次序，先成就客戶再成就自己

除了因為案子成功而傲的例子，還有一種狀況是，有些同仁會擁案自重或是挑案子，只做亮點高的專案，不願意做平凡案型，甚至會主動與同事爭案，因為他們始終覺得，「漂亮」的案子可以成為自己的個人成績單。

其實公關是個利他利己、成就他人進而成就自己的工作，能夠自詡是個幕後英雄，就會很開心的為客戶發揮才能，並且珍惜這個可以不花錢、不承擔風險，就能看到不同產業世界，接觸到其他行業無法提供體驗的工作。當抱持著甘於幕後的心態，執行出來的成果圓滿成就了客戶，自然也成就了自己，這就是公關工作的價值。

此外，客戶與公關公司之間其實也是一個團隊，為同一個目標一起合作，客戶要能肯定公關公司的努力，不能理所當然的認為：我是付錢的客戶，你是公關公司，本來就應該幫我想出好的策略和創意。因此我也常跟客戶打趣說：「其實，我們也只不過是期待你們關愛的眼神、肯定的態度。就這麼簡單而已。然後，我就會死心塌地、心甘情願的為你們繼續賣命。」

客戶或許可以沒有公關公司，但公關公司沒有了客戶就什麼都不是，雙方若能在良好互動下發展的話，相信合作會是長長久久，彼此也將不僅止於接案時的金錢對價關係，還能建立起很重要也是最珍貴的革命情感，而這也是我很期望並且珍惜的客戶緣分。

公關叢林，活下來的就是狼

- 公關公司與客戶之間，必須先拜訪、主動蒐集資料等，保持良好互動直到取得客戶的基本信任後，才能進一步發展到提案階段。
- 公關工作是 team work，只有「你一個人」，沒有夥伴，也無法成就「你的案子」。

04 我的工作：引導客戶說一個動人故事

作為資深公關人，在近三十年的職涯中，我覺得十分有趣又極具成就感的時刻，就是每當有客戶、品牌或企業來找我們，請我們協助「做好」公關這件事。平心而論，一個稱得上「優秀操盤手」的公關，他所扮演的角色與肩負的任務，就好比正在籌劃一部經典好戲的製片人。

除了客戶是永遠的主角之外，舉凡與這部劇相關的所有幕後工作，例如：發想劇本、整合靈感創意、尋覓導演、選擇編劇、邀請主題曲創作人選、挑選演員，乃至演出時的細節以及戲劇宣傳……通通都得一手包辦，在各方面都得面面俱到的情況下，才能讓一部戲成功，也才能傳遞出扣人心弦的故事，達成引起關注、吸引觀眾喜愛、贏得票房的最終目標。

我說公關的工作就像製片，一點也不為過。舉例來說，前陣子有個傳統品牌的冰品客戶來洽談公關服務，他們的長銷商品紅豆冰棒已經上市三十幾年。經過我們的診斷評估，認為這項產品很好吃，但包裝不好看、不吸引人，與他們想要訴求的目標消費者，有著相當程度的落差。

根據調查，冰品的消費者通常是比較年輕的族群，尤其是冰棒，大多是年輕人在吃。但這家客戶的產品包裝，卻明顯不是現在年輕人的菜，我們認為，雖然它是一個歷史悠久的傳統品牌，但仍然必須迎合時下年輕人的想法及喜好。

在這樣的前提下，我們該怎麼幫助這個近百年的品牌，重新與年輕族群的溝通？是不是該思考改用不同的包裝？或尋覓新的代言人？或是改變文案說故事的口氣？抑或是幫它創作一個全新的腳本，重新編寫與年輕族群對話的品牌故事？

想要吸引年輕人、讓年輕人喜愛，當然不能從五年級生的角度切入，像是紅豆有滋養、補血功能等老調重彈的訊息，年輕人根本沒興趣。那麼，如果是與廣受年輕人認同的藝人合作代言，或是為這支紅豆冰棒編一首饒舌歌曲，再加上改變包裝設計，讓產品變得年輕，令人耳目一新，是不是就有機會變得有趣、好玩？或許能引起新世代的關注、產生新的共鳴點。

四十年老歌，公關運作成新流行

我舉一個淺顯的例子。前不久資深藝人比莉的〈什麼都不必說〉這首歌，經過改編後再度翻紅。一首四十年前的陳年老歌，為什麼還能夠再度引起注意，而且那麼受到「年輕人」的歡迎？這裡面具體的成功要素有二。

第一，這麼多年來，比莉的形象始終沒有改變過，一直都是新潮、勁爆的代表，即便在出道超過五十年的今天，她依然走在時代的尖端，觀眾們不會覺得她是老人，即便年紀大了，但還是充滿活力及風貌，儼然就是「辣媽代言人」，不會有巨大的距離感。

第二，她的老歌與兒子周湯豪的創新曲風連袂推出，新舊融合本身就是十足的創新，更何況周湯豪原本就深受年輕人喜愛，她與兒子在同一個舞臺上無縫接軌的演出，等同為自己創造了一個全新的劇本，立刻吸引住眾人的目光。而且她宣傳時，還找來吳姍儒、林柏宏、賈靜雯、柯佳嬿、黃子佼等當紅年輕藝人們幫襯，在社群媒體上大跳這首歌曲中最經典的舞步，進而帶動了新戲《媽，別鬧了！》和〈什麼都不必說 2022 Remix〉重新編曲版的行銷氛圍和潮流。這一連串的公關操作，表面上看似舊瓶新裝，實際上卻是賦予了全新的生命，重新創造一個令人眼睛為之一亮、無比驚豔的嶄新故事篇章。

比莉這回老歌新唱的案例，找了很多名人一起創造、帶動新風潮，其成功的背後一定有縝密的公關策略支撐，包括如何包裝、企劃，用什麼樣的行銷工具去溝通，環環相扣，成功絕對不是偶然。

這就像所有行銷公關一樣，公關在發展這件策略的時候，首先要想的是：能不能賦予商品新生命？就如同我們前面提到的老牌紅豆冰棒案例，假設要創新，能否透過這樣的思考模式跟策劃方向，去改變所有人對它的既定印象，褪去原本老舊的包袱，創造出全新形象？可是別忘了，也正是因為背負著原本的包袱，才有機會醞釀創造出新的契機，讓它又紅起來、甚至更紅。

好的公關必須通才

其實，我要強調的是，公關提供的專業服務包含「綜合性技能」，而所謂綜合性的技能，就是有多元常識（common sense）、點子快又多，不但知道人脈在哪裡，找得到人，還很清楚什麼樣的人才是對的、最切合時宜的，即便是某個名人正當紅，但若是無法搭上時事話題，就知道他不一定是好人選。

專業的公關必須能面面俱到，好的公關人員，必須讓客戶的每一項計畫，從每個單一作業到最後整合都恰如其分，而不是只有在執行某一種工作特別出色或成功而已。這也是我覺得公關工作最具挑戰性的地方。

公關需要通才，假設某個專案需要編一齣劇，就必須知道如何找到編劇；需要一首主題曲，就得尋找合適的詞曲創作人；需要道具、美術設計，也得能找到道具製作或美術人才等。這不是指公關人必須什麼都會，而是舉凡與通識相關的一切都要能理解，有所涉獵。

我常說，各個產業都有非常厲害的專才，但**公關工作需要的是「通才」**，換句話說，公關工作不僅需要跨領域、**甚至是「跨專才」**。不僅如此，還必須懂時事（勢），了解社會正在發生的變化，要能在最快時間內做出適當的反應，這方面的人才很難培育，然而這種需求狀態似乎很難改變。

當然，類似這樣的案例其實很多，我提一個跟公益團體相關的例子。不久前，我為社團法人台灣公益團體自律聯盟（簡稱自律聯盟）進行一對一輔導，知道他們將提出一份主題報告，分析數位時代下的公益現況。這樣的報告分為幾個部分：

第一部分主要說明，在數位時代下，捐款本身有沒有因疫情出現任何趨勢變化？捐款人行為甚至捐款標的，有沒有發生什麼樣的變化？

第二部分的調查是告知並提醒公益組織，應檢視自己現階段的數位化狀態，是否符合當前數位捐款的發展潮流。

第三部分是自律聯盟要向大眾呼籲養成「捐款素養」，思考清楚自己的捐款是一時衝動的行為，還是有規畫的長期資助。另外還提出「捐款五守則」，即是：關注、google（指上網搜尋）、常追蹤、求證、承諾，並且在捐款前後都記得追蹤捐款用途，是否符合原本的捐款目的等。

也就是說，自律聯盟希望透過這種趨勢性調查，去洞察、了解捐款人的行為與公益組織的需求，並藉由這些報告成果，找出公益組織能施力的機會點，同時也期待能長期監督培力公益團體的第三方公正角色，去倡議公益素養的重要性，進而促成整體社會的良善發展。

有理念、沒做法？公關能幫忙

當初步聽完自律聯盟的現況說明後，專業的公關人就必須迅速協助他們分析診斷。首先要了解：這份報告是否已經完成？龐大的訊息資料有沒有經過整理？我需要先看一下內容，用我的角度去分析報告，全面了解數據背後捐款人可能會注意或在意的地方。

另外，當發表的資訊可能不足時，媒體有沒有興趣進一步了解？抑或是資料量太大時，媒體有沒有辦法在短時間的溝通中接收這麼多訊息？甚至媒體會對哪些議題感興趣，又或是興致缺缺。

就在我們更深入談論了許久之後，自律聯盟突然告訴我，這份報告並不是要發布給媒體的。霎時我愣了一下！心想：沒有要發媒體，那如何讓外界知道報告的內容？怎麼向大眾提出呼籲？

他們告訴我這是一項委託計畫的報告，會在委託方舉辦的論壇之中發表。我當場就以專業直言，如果只在數百人參與的論壇上發表，能夠聽到這些訊息的人數非常有限，一般捐款人根本無從得知，會不會太可惜了？

另外，捐款人在無法獲得公開資訊的情況下，也不會因為這份調查報告而改變捐款行為，或提升捐款素養，這樣豈不是真的可惜了報告的價值？為什麼不一鼓作氣，一次對外公開發表報告重點？

然而對方說：「我們就是沒有那麼大的影響力呀！目前只能就報告部分做到這樣。」

我想，公益組織會有這樣的反應其實能夠理解，因為過往他們並不熟悉議題的公關操作，不懂得如何精準傳遞這些訊息，也自認資源匱乏與專業不足。於是，在經過我們初次一對一輔導之後，了解他們對於公關的認知及資源缺乏後，我建議他們：「如果你們覺得自己的影響力不夠大，那就更應該想辦法『放大自己的聲量』，這樣別人才會被你影響，你也才能夠影響他人！甚至是你們期待捐款人改用數位的方式捐款、要有長期資助的想法、會去追蹤捐款用途，但他們不知道方法，又要怎麼產生改變？」這絕對是一個雞生蛋、蛋生雞的結果，總要有開始改變的機會。

我們最終溝通的結果，就如同我原先所診斷建議的一般，必須透過一場正式的宣告，才能達到他們所期望的目標，去影響更多捐款人。於是，我們達成最佳共識，即是發展策略，在論壇的前一天先舉辦一場記者會，正式公布這份調查報告中的亮點，讓社會大眾普遍知曉這個重要資訊的同時，也讓外界注意到此次論壇，提升論壇本身專題討論的價值。

身為專業公關，我們提供了一個對的思維，讓自律聯盟放大原本的作為，願意嘗試以更好的策略達成溝通目標，這是一個很鮮活的案例，剛好給更多的公益組織們一個新的思考方向。正好比是專業的製片，依循出品人的理念，從千絲萬縷中協助其釐清、整合，進而讓出品人同意出資，製作出一部可看性與價值兼具的影片，公關人的價值也從而展現。

公關叢林，活下來的就是狼

- 公關工作需要的是「通才」，甚至是「跨專才」。
- 專業的公關必須讓客戶的每一項計畫，從每個單一作業到最後整合都恰如其分，不是只在執行某一種工作特別出色而已。

05 危機管理——最具挑戰的神聖任務

公關處理的事務非常繁複，包括組織對內、對外所有利害關係人針對重大議題的鑑別與溝通，無論是產官學界，公關單位平日對利害關係人的策略與溝通所制定的方法與成果，就決定了組織所面臨的風險層級。

當一個人、一個組織擁有良好的營運績效與聲譽，這是一種卓越的經濟成果，讓組織成員都備感榮耀，而其聲譽帶來的斐然成果更具有在產業與社會的影響力，促使組織的營運績效更好、人才匯聚、事業版圖更大、戰線拉得更遠等綜合影響力。但是，享有盛譽的同時，組織也會承擔相對的負面風險，而這些風險管理就是組織內公關人員的重要工作。

我們都知道管理危機的內涵是「預防勝於處理」，平時公關人員就需要制定一套可因應組織風險的危機管理辦法，才能確保發生危機時，能讓組織面臨的風險降到最低，這是公關人最具挑戰的神聖任務。

媒體是危機管理第一道防線

細細想來，所有利害關係人溝通中，通常都脫離不了「媒體」，**媒體和公關幾乎一直有著不同程度的利害關連**。我們最常說：「成也媒體，敗也媒體。」倘若企業本就擅長公關運作與溝通，日常處理好縝密的媒體關係，保持順暢的溝通管道，就等於是在危機管理的機制上拉起了第一道防線，對風險管理而言非常重要。

記得在二〇一五年，有一個關係長達十幾年的客戶面臨了當時最大的食安事件。當時因為爆發以三三％劣質油混合六七％豬油的餿水油事件，多家使用了相關黑心油品的知名下游廠商遭受牽連，衛生局大動作要求相關產品全面下架，眾多販賣或曾使用過此黑心油品的廠商均在此事件裡中箭落馬，甚至更有業界的經營佼佼者因此退隱江湖，危機事件波及之鉅，相信大家仍記憶深刻。

我們知道面對食安問題時，首當其衝的主要利害關係人多半是一般民生消費大眾，當消費者使用了黑心油，或是誤食相關上下游食材時，多半會燃起恐慌與憤怒的情緒，因此，任何可能涉及的上下游供應鏈業者無一倖免，也不能置身事外。

我的客戶是知名的好品牌，當時必然也引發媒體第一時間的關注，為了求證、佐證，並穩定消費者的信心，他們必須在第一時間內清楚說明餐廳食用油的來源是否與黑心油有關，在許多菜色或使用的現成食品上，一一交代供應商的貨源是否有連涉嫌疑。這些資訊都必須在媒體前接受高度的檢驗，而我們也必須提供完整的佐證說明或進貨相關資訊，更要在最短時間內精準提供給大家，才能夠確保客戶對外的可信度與商譽。

前文說過，**危機管理的第一道防線是媒體**，若平日有順暢的溝通管道，一旦出現任何危機，媒體多半會給予合理的回應時間及澄清機會，做出平衡報導，甚至還會提醒我們，主管機關可能會挑戰客戶的問題。而這些看似很小，卻影響很大的利害關係人溝通結果，就是我們平日在公關上燒的好香。

正所謂「養兵千日，用在一時」，我的客戶在這個嚴峻的課題上，由於平日管理的資料完備、回應迅速，而且我們率先淘汰了可能有疑慮的菜色與調味品，誠懇的在媒體上說明，所以在此重大危機上算是漂亮過關，成功樹立了良好的品牌溝通典範，免於落入更大的漩渦中。

反之，我們也曾看到許多失敗案例，如果在媒體這第一道防線上失守，那麼後續接踵而來的災難才正要開始，最常見的就是，面對媒體時說謊、推諉責任、遮掩造假，無疑都是在提油澆火，使風暴越演越烈。

這麼多年來，我們聽過的食安事件大大小小，有些仍然記憶深刻，像是蜜餞摻入工業用原料、蜂蜜含有抗生素、冷凍食品公司將過期海鮮產品改標再販售、畜牧業者回收廚餘清洗後轉賣給早餐店與便當店、食品級碳酸鈉浸泡海產讓口感更脆等，許多均由於企業對外溝通或處理不當，引發消費者一連串的抨擊撻伐。我印象深刻的是，有一年某牧場驗出有逾四十六萬顆「芬普尼蛋」（按：遭殺蟲劑芬普尼汙染的雞蛋）流入市面，而主管機關調查多時後才公布這批蛋確實有問題，但多數違規蛋品早已被民眾吃下肚，民眾能不生氣嗎？

這些危機處理的流程，或對外溝通訊息的透明度，都讓我們理解到，當與利害關係人的溝通過程中有任何落差，媒體也會秉持公平原則追問，更會在新聞中據實反映這樣的溝通瑕疵，雪球可能越滾越大，只能坐收危機帶來的嚴重傷害了。

處理危機也可以玩創意

我始終認為，檢視處理危機的能力，是組織內重大議題管理的機制與成果，也是最高決策者與核心團隊的共同決策，必須有嚴謹的態度與審慎的流程，才能反映正確、即時的應對方案。但我也想藉此強調，這門功課並不代表危機處理不可以「有創意」，甚至許多能夠化危機為轉機的成功案例，通常都來自於出人意表的創意。

大家是否記得，約在二〇一八年，英國的肯德基（KFC）曾經發生一個波及大約九百家門市的危機事件，由於當時市場缺雞，導致店裡無雞可賣，許多店被迫暫停營業。當媒體議論紛紛，輿論譁然之際，肯德基公關團隊的處理方案卻是出人意表，充滿創意，不僅讓顧客破涕為笑，更成為危機事件上令人津津樂道的成功案例，令人佩服。

由於當時的供應商無法正常供應雞肉，惹惱了許多消費者，有些非理性的顧客還決定報警處理。在這樣群體憤怒的危機當頭，經驗法則告訴我們，首先想到的應該是要跟顧客「道歉」。

道歉的方法很多，妙的是這個公關團隊發展出了一個很不一樣的道歉策略：首先他們在社群上貼出一個只有空炸雞桶和炸粉屑的廣告，上面寫著：「FCK」（不是KFC喔）。當熟悉的炸雞桶上寫著「FCK」，而不是「KFC」時，消費者本來都還有些狐疑，但後來發現廣告的發布者竟是肯德基自己，看到的人不禁都笑了！這個幽默的廣告看似將了肯德基自己一軍，但因為**揶揄自己向來被認為是最上等的幽默，自嘲的溝通模式反而引發顧客更高的好感度**。

還記得當時的廣告文案大約是這樣：

我們很抱歉。一家賣雞的速食餐廳沒有雞，這實在不盡理想。我們對顧客們致上最深的歉意，特別是那些遠道而來消費，卻發現我們大門深鎖的顧客。我們也要謝謝KFC團隊和供應夥伴，我們正夜以繼日的努力改善現況。這週彷彿是水深火熱的一週，但情況已持續改善中。每一天，正有越來越多的新鮮雞肉送達我們的門市，謝謝大家對我們的包容。

你覺得什麼樣的道歉最有效？我想肯德基做了一個充滿創意又滿是誠意的示範，這個廣告可以說是一個最不空虛的道歉，團隊們不把過錯推給也是其利害關係人之一的供應夥伴，而是選擇與大家一起面對問題，讓消費者知道相關全體同仁（包括供應商）都正在努力解決這個危機。肯德基在這事件中展現的是正面卻幽默的態度，不僅化解了許多尷尬，也讓消費者從中更體會其企業的文化，一舉多得。

我覺得，這個案例是非典型、卻極度具有創意的危機處理案例，值得很多企業與品牌研究深思，而深諳危機處理的資深公關人員都了解，充滿創意的危機因應策略可遇不可求，這也是危機處理的最高境界，彰顯了公關人面對艱難問題的危機管理態度，值得尊敬。

危機無法避免，與利害關係人的日常溝通很重要

企業犯錯不可避免，風險或大或小，但這些不小心即刻就能使商譽受損、股價大跌，不可不慎。前一陣子日本連鎖壽司店「壽司郎」事件，想必大家記憶猶新，一名高中生的惡作劇，竟然可以造成外界對迴轉壽司營運模式的全面疑慮，也讓壽司郎股價大跌，營運受影響之大很難想像。

雖然我們最後看見了壽司郎的緊急危機因應之道，宣布了三項新措施來挽救聲譽，期待挽回消費者信心，但這樣的重創，恐非企業組織本身所能預想得到，所以說，公關團隊在平日的重大議題鑑別上必須更加謹慎，對於利害關係

人的需求和回應要更加專注，方能見微知著。

因此，不要以為公關人只是表面膚淺的建立關係而已，與不同利害關係人的所有溝通過程與方法，都是重要的工作項目，像是主要利害關係人如員工、股東，或是地方政府、主管機關，或是第三中介團體（環工、環衛、檢驗單位、非政府組織等），還有如媒體與意見領袖等專家學者的溝通，由於涉獵的議題與溝通內容均不同，所以公關人員應具備的專業知識與通識，都顯得格外重要。

同時，公關人員也必須不斷聆聽所有利害關係人的意見，改善組織的溝通方案，以確保溝通的結果能達成共識與維持雙方信任度，這樣自然能降低危機的風險指數，並在危機發生之際，由於長期建立的信任基礎，加速問題溝通，防範危機與未然、讓小事化無，或讓危機及早迎刃而解。

公關叢林，活下來的就是狼

- 管理危機的內涵是「預防勝於處理」，公關平時要有一套因應組織風險的危機管理辦法，才能確保發生危機時能把風險降到最低。
- 危機管理的第一道防線是媒體，與媒體有順暢的溝通管道，一旦發生危機，媒體會給予合理的回應時間及澄清機會，做出平衡報導。

06 公關公司服務成效如何評估？

每次與一些志同道合的同業分享工作心得，我常說：「噢！有些大公司服務久了，他們都成精了，變得好會精打細算呢！」我之前也提過，在商業合作裡「利益」是必備的要因，而雙方為自己爭取最大的利益也是人之常情。只是，大家的衡量標準可能不同。

現在數位行銷蔚為浪潮，各種數位運用蓬勃發展，客戶開始講究以量化數據評定成效，數位投放的流量、曝光數、參與數，或者是轉換數（交易數、會員數），這些「數字」很容易被當成評估指標，而且不只用在行銷活動上，甚至會被拿來評定公關公司的各項服務。

近來也有客戶在跟我討論這方面的問題時，提出類似想法：「辦了這個記者會，甚至是VIP的兌換活動之後，我可以得到什麼成效？有沒有辦法轉換成我的營業價值？」因為數位公司現在都流行這麼做，讓客戶誤認為，也該用同樣模式評估公關公司的服務成效。

然而，網路上有各種分析數據，實務上可以用來檢視活動是否成功，但並不代表所有的指標都適用於不同性質的公司，更不適合將廣告公司、公關公司等同於數位公司般，相提並論來看待。

因為**公關公司是以時間，即服務時數來計價，我們傳遞訊息的成效，必須兼具曝光的「量」跟「質」兩方面**，所以傳遞的內容本身也是非常重要的核心。如果曝光量很高，在數位行銷的評估標準來看成效很好，但訊息都不精準，對客戶其實沒有幫助。

人潮與新聞曝光量都是成效，KPI是？

就以我和先生楊忠翰於二〇二二年新成立的「十分好創意」，在不久前剛幫「POP MART」（泡泡瑪特）舉辦了首間品牌專賣店開幕活動作為例子。

這個風靡日、韓、中、港各地的中國玩具潮牌，旗下各款玩偶角色古靈精怪又極富未來感，擁有非常多粉絲，所以客戶對於來臺展店充滿期待。然而，在首間專賣店開幕當天究竟能否營造盛況，讓粉絲們前來朝聖？就有賴公關公司事前的運籌帷幄了。

首先必須精確扼要的傳達 POP MART 即將來臺展店的訊息，其中最重要的資訊是，店會開在哪裡，讓粉絲清楚知道地點。然後直接在各社群網站上的粉絲團、社團宣傳，除了讓粉絲們關注開店消息，還要設法運用社群平臺迅速傳播的特性，引發大家廣泛討論，達成快速散播的目的。

在開幕當天，我們打鐵趁熱舉辦了記者會，不用特別營造人潮，很自然就有一大群從各地前來朝聖的粉絲等著進場。因為 POP MART 的受歡迎程度，讓我們可以預測到粉絲將會有何行為，應該在哪裡預告消息給粉絲，而使媒體在當天得以捕捉到粉絲排隊的盛況，並主動採訪粉絲。

另外，粉絲必須現場排隊才能進入店裡買到限量商品，況且好不容易辛苦的排隊等待，通常不會虛晃或只買一樣商品就閃人，所以同時也能為品牌帶來很大的銷售利益。

我們來假設一下，如果客戶要求：「妳要設定開幕活動的ＫＰＩ（Key Performance Index，關鍵績效指標）給我，預計帶來多少流量、多少人會買東西、保證多少業績。」那我必須很誠實的回答：「對不起，公關公司很難做到！」但是，如果要求帶來人潮、找到對的目標客群、精準的在各媒體上完整放送訊息，這些任務我們可以很扎實的完成。所幸客戶非常睿智，也很清楚公關公司所扮演的角色，所以我們共同完成了精采的案例，創造公仔風潮。

一個活動成功與否，客戶其實並不需要靠預測行銷的ＫＰＩ來檢視，只要看到新聞傳達出內容、粉絲排隊的踴躍程度，就是真實的成效，實際購買的營業額也就代表營業成績，這些都會比紙上談兵的虛擬數字更具體、更實際。

所以，我經常跟客戶說，會想用數位行銷公司那一套標準來檢視公關公司的人，都是因為不了解公關專業，我會拿出實際的案例說明，讓客戶清楚知道公關真正的價值所在，**若真要評估成效，可以換算為更具體的ＲＯＩ**

（Return On Investment，投資報酬率），也就是換算出來的曝光成效倍數有多少。

萬一客戶提出其他要求，比如找藝人代言，這時公關公司也要協助客戶做正確的評估。以 POP MART 這個品牌來說，療癒系公仔本身已有充分的知名度，在粉絲心目中就是明星，其實不需要其他代言人。因為廣大的粉絲們無疑就是數位時代裡的ＫＯＬ，粉絲們就是網路上具有影響力的人。

如果客戶仍不死心問：「那可以找有收藏 POP MART 的藝人嗎？」我們回饋的建議與理由，更能夠凸顯一家公關公司的專業程度：「POP MART 的粉絲群就是品牌的ＫＯＬ，找有知名度的藝人代言，反而容易模糊了 POP MART 來臺展店的訊息焦點，不如不找。」

別小看這些專業判斷，因為這些才是公關代理商真正展現其服務的價值所在。

提供服務也教育客戶，教學相長的一行

依照公關公司的服務內容屬性，事實上並不適合與數位行銷公司使用同一種CPA（Cost Per Action，每一互動成本）、KPI來評估，畢竟兩者性質完全不同。在大數據時代，我們雖然可以運用演算法來預測行銷價值，但是絕不能只把公關公司當成品牌或企業的業務單位來看待。在談論KPI之外，最重要的仍是必須把品牌關心的內容視為核心，我們該花費心力的，是以專業策略及創意，與客戶討論活動的關鍵環節。

因此，我不是很認同耗費太多時間和精神，一直在「用何種成效指標」跟客戶爭論不休，**假若真的溝通無效，也教育不來，我寧可不接這種客戶的案子**。因為，爭到最後，彼此都會覺得自己是損失利益的那一方，那又何必勉強合作。

到目前為止，鮮有公關公司願意以「與客戶互相成長」的方式來提供服務，更不用說在以營業利潤方面為基礎，互相協助的前例，幾乎沒有出現過。

但我再次創業、另闢天地之後，開始嘗試用這樣的模式與客戶合作。

因為我認為，其實有很多具有潛力的客戶，只是暫時還沒有茁壯到能像跨國企業或大品牌那般，一次編列充分的預算來做公關行銷，若是我能在提供服務之外，也協助客戶更了解公關專業，等客戶發展成熟後，我們也能從其中再學習到新知、同步成長，跨足到新的領域。如此互助拉抬，我相信未來會有無限可能，並值得期待。

公關叢林，活下來的就是狼

- 一個活動成功與否，只要看到新聞傳達出的內容、粉絲排隊的踴躍程度、實際購買的營業額，就是真實的成效。
- 公關公司是以服務時數來計價，傳遞訊息的成效必須兼具曝光的「量」與「質」，訊息內容本身也是非常重要的核心。

CHAPTER

4

公關人的暗黑告白

01 藝人不難搞，經紀人耍大牌才煩惱

不少客戶會找藝人來代言產品，因此公關公司接觸藝人的機會不算太低，有句俗話說：「一樣米養百樣人。」這句話套在藝人的經紀人身上也不例外。

經紀人的職責應是代理藝人，居中協調、談判商業合作的細節，有的經紀人態度誠懇、能夠理性溝通，有的卻自恃「我的藝人夠大牌」，所以態度不太友善。

或許他們自認為是在替藝人著想、把關，理所當然，但站在公關公司的立場來看，常常導致事情卡關、甚至讓客戶活動險些出包，**形成種種阻礙的不是藝人本身，反而都是他們的經紀人。**

說好的四點半上場，人呢？

多年前，某知名品牌手機透過廣告公司接洽，找一位大牌女藝人做廣告代言人，並簽定了為期三年的代言合約。按照業界的慣例，三年長約之中，一定會有每年須配合出席一至兩場公關活動的附帶條件。這個客戶的公關活動由我們統籌執行，至於女藝人的經紀人，偏偏又以趾高氣揚、我行我素聞名於業界。

當時客戶舉辦了一場會員限定且限名額的活動，十分大手筆的包下一間夜店整晚的場地，參與的會員可以與這位藝人同樂。活動預訂於晚上七點正式開始，但為了配合媒體發稿及報社截稿的作業流程，我們特別提前在下午先開記者會。

考量到代言藝人的行程確實很緊湊，我們事前就跟經紀人講好，記者會最遲一定得在下午四點至四點半之間開場，請藝人儘早到場準備。另一方面，我們也特別向記者們預告這個狀況，大家理解後也都知道四點半會進行訪問。

孰料，當天直到四點，經紀人才不疾不徐的帶著藝人來到現場，然後準備梳化。我一看苗頭不對，連忙找經紀人溝通，再次表明雙方已經確認過記者會的時間，藝人務必準時上場受訪拍照。

經紀人當然也了解媒體的作業時間，卻擺出一副事不關己的態度，講了一連串藝人很忙的卸責之詞，還抱怨起幹麼這麼麻煩辦記者會，為何不直接發新聞稿，她們只要提供照片就好。

我懸著一顆七上八下的心，耐著性子說明，電視電子媒體不可能只靠發稿，還必須有現場畫面，而且既然是這麼大牌的藝人代言，讓記者現場訪問才是最好的安排，有些媒體為了拍到好畫面，甚至三點多就到現場卡位。經紀人才一臉勉為其難的說：「那就四點半開場吧！」

結果藝人還是沒有依約登場，眼看四點四十分、四點五十分……時間一點一滴流逝、越來越晚，記者都急著要趕截稿時間，追著我們問：「究竟怎麼回事？不是說好四點半開始，到底還要不要發新聞呀？」我急得就像熱鍋上的螞蟻，頻頻詢問經紀人，得到的回答竟是冷冷幾句：「還沒有準備好，妳叫他們再等一等！」

到了五點半，距離原訂時間已經整整延遲一個小時，依舊不見這位女藝人現身，眼看真要開天窗了，我衝到後臺鄭重告訴對方，若再不上臺，到時這場記者會搞砸了，不僅僅是我公關公司的責任而已，代言人也要負未履行合約的責任。

這位經紀人聽到我這麼說，竟開始用不堪入耳的詞彙破口大罵，而我也不是省油的燈，既然對方這麼不尊重人，我的態度也跟著強硬起來與他對槓。最後是一位媒體大哥出面勸說，藝人才終於上臺，記者會終於開始進行。

在我的經驗裡，大明星的經紀人越容易有這種情況。可能他們認為自己已經是大明星的經紀人，也有一定的「崇高」地位，是另一種超級巨星，要有和藝人同等、甚至更高規格的禮遇，所以就把各種為難加諸在公關公司或甚至客戶身上，來凸顯他們的分量及重要性。

網路世代來臨，藝人自己身兼經紀人

反觀也有很好溝通、全力配合的經紀人，早期如田麗、蕭薔，近期如李國毅、黃子佼等藝人的經紀人，配合度都超高，儘管初次合作時偶有看似龜毛的細節要求，例如事前言明：「我的藝人不彩排也不走位喔，但要先給我腳本，你們在開場前十分鐘跟藝人順一遍 rundown（流程），確認完就ＯＫ。」但活動執行下來發現，這些經紀人和藝人都會很精準的完成工作，非常專業。

在認真敬業方面，我也一定要誇讚幾位藝人，像是林志玲、蕭薔配合彩排及走位時都不曾怠惰，若是客戶希望她們早一點到場，也從沒有第二句話。她們還會細膩到連服裝色系都盡力配合，像是客戶的企業形象是紅色，就會盡量安排能與客戶相互搭配的顏色。

記得早期蕭薔有次參加一場冰淇淋品牌的新口味上市記者會，她不單是配合客戶的期待走位，拿著產品擺出各種角度、姿勢，還真的先試吃過那些新品，她認為代言不能只是背稿子照本宣科，必須自己體驗過才行。另外，田麗的配合度也極高，為某牌強力膠布代言時，除了要坐在由膠布製成的鞦韆上，還要被膠布綑綁懸吊在鷹架上，各種大膽的活動創意她都全力完成，給大家留下非常敬業的印象。

以往的演藝圈型態比較經紀人導向，由他們掌控並安排藝人的工作，藝人自己較不會直接對外溝通，所以當彼此配合出問題時，有時並非藝人之過，問題的源頭，很可能是經紀人憑恃著藝人展現威風價值。但近幾年開始有些不一樣了，現在年輕一輩的藝人，像是鬼鬼吳映潔、林依晨，她們不僅自己的態度極佳，也會要求經紀人跟自己一樣有足夠的親和力。

由於網路世代的來臨，許多藝人自行經營自媒體，所以未必非得靠經紀人，而是自己身兼經紀人的角色，新媒體的變遷或許也給這些藝人新的省思，自己擔任經紀人也有諸多正向的好處，何樂不為？

我覺得**做公關另一項十分有趣的收穫，是可以觀察到演藝圈溝通及操作模式的改變**，其實不管是藝人或是經紀人，如果基於「共好」原則，與商業品牌合作，那就該拿出積極配合的準備及態度，滿足雙方合作上的需求，這對客戶、居中工作的公關代理商、以及經紀人的工作，都是一種尊重。

公關叢林，活下來的就是狼

- 不管是藝人或經紀人，基於「共好」原則，與商業品牌合作便應拿出積極配合的準備及態度，這是對客戶、居中的公關人員及自己工作的尊重。
- 有的經紀人親和專業，有的自恃藝人夠大咖，便對公關人員多加刁難，如何妥善應對、達成任務，是對公關人的考驗。

02 合約簽好，服務過程客戶卻一直拗

在公關行業將近三十年來，時常有人問我：「假如妳發現已經合作很久的客戶，近幾年提供服務時已無利可圖；又或者遇上那種已經議好價、簽完約，開始執行各項服務後還想再討價還價，或提出額外要求的客戶，妳會選擇繼續合作，還是考慮放棄？」

這種問題，豈只於公關業，根本是任何行業的管理階層，都曾面臨過的處境或難題吧！遇到這樣的客戶，其實我沒有標準答案，但我很清楚知道，自己會有哪些基本的應對原則。

我曾經聽過這樣一個故事。有個客戶公司換了一位新長官，而新長官的職務內容包括了擔任公司發言人，因此，公關公司便增加了發言人訓練的服務

需求。

雖然發言人訓練原本就是公關的主要服務項目之一，但由於客戶並沒有預期到會有新發言人上任，所以當初在簽訂年度合約時，沒有規畫發言人訓練的這一項費用，而若確定要額外提供這項服務，依合約是可以向客戶另外計收費用。

然而，客戶卻表示：「因為我們今年沒有編列到這項預算，其他能運用的項目也已經編滿了，真的挪不出預算支付給你們。這一回能不能幫忙增列加送這項服務？何況，我們都已經簽了幾百萬的年度合作長約了……。」

偏偏公關公司負責服務這個客戶的主管，一來個性比較剛直，說話向來就很直接；再者，在他的觀念裡，這本來就是該增加計費的項目，便不假思索、脫口回應客戶：「○○客戶每年給我的預算也很高，遇到要增列服務項目時，我也是照樣收費。相較之下，你們公司的年度預算又沒有比較多，沒理由要我們免費加送額外服務。」

想當然耳，客戶聽了如此率直的回覆，怎麼可能會舒服！搞不好還會進一步聯想，原來公關公司是這樣估量客戶的，竟拿另一個客戶的營業貢獻度來比較。可想而知，這個率真的主管立即失去了這個客戶，客戶馬上找了另一家公關公司作發言人培訓，透露出彼此的信任已經動搖。

當然，失去一個客戶會有許多原因，並不能全部歸因於某一件事，這可能只是其中一環，但不可否認的是，它加速累積了客戶的不信任度，因為客戶後來羅列不想再繼續合作的原因之中，就明白提及此事是關鍵因素。

假設高階主管當時能轉換一下立場，站在客戶確實有預算編列困難的角度去想，用另一種方式回應：「好，沒關係！我們已經知道要求你增列預算有困難，但希望下個年度的公關預算，或下一個活動中，你可以幫忙多爭取一些額度，再回補給我們。」客戶知道你同意「讓利」，或許能感受到誠意，一方面解決了他的燃眉之急，一方面藉此建立更深化的互信關係，不是嗎？

給拗不等於損失，有時反而能鞏固關係

我們在執行公關工作的過程中，該不該為沒有利益的客戶繼續提供服務，往往會陷在「誰占便宜」的問題上打轉。但在實務上，並不見得適合用「非此即彼」的二元思維來區分。

從表面上看來，或許是客戶占盡了便宜，但若是這樣，我還依然選擇繼續提供服務，也許是我發掘到了別人看不到的潛在「利益」。因為，商業合作裡，利益看似必備要素，但主事者當然也有自己的量尺，只不過衡量的標準是「看遠」、「看近」，抑或「有形」、「無形」，最終可能會因不同的視野，帶來截然不同的合作結果。

在公關業界，難免時而聽聞哪一種或某些特定客戶較不受歡迎，原因就在於他們太會「拗」，即使雙方合約已明訂得一清二楚，像是哪些額度打幾折，已有白紙黑字的約定在前，但有些客戶就是喜歡或習慣在我們執行任務時再拗一下，覺得能拗多少算多少。以常見的發布新聞稿為例，就曾發生客戶認為他

們已經自備好新聞稿，公關公司只是「順便」幫忙傳送給各媒體而已，費用就應該打折只算半價，甚至最好不列入收費。這個結果當然會讓對方覺得不舒服，也在無形中減損了合作關係，這些爭小利、損大局的結果也始料未及。

事實上，任何商業行為本來就不免出現互有輸贏的情況，我們都會理所當然的認為，自己這一方得精打細算才有利，換個立場來看，客戶又何嘗沒有這樣的盤算。因此，**在公關這一行，「讓利」就成為爭取合作成敗與否的重要因素之一**。

而**在決定是否讓利之前，我的原則是，必須先釐清是不是只有眼前的利益，還是可以預見對方長期合作的潛力**？我認為，設法創造雙贏，才是最大的利益，唯有「互利」，方能使雙方的合作走得更長更遠。

合作必須始於信任

長久下來的歷練所累積出的經驗，讓我深刻明瞭，即使是客戶自己，有時也未必清楚知道，他爭的到底是預算利益，還是品牌利益？我們以為客戶的窗口老是東拗西拗，但他其實真的不明白自己爭的是否合情合理，也才會上演雙方都不愉快的場面。相對的，對於公關人員來說，是否也了解自己在爭什麼？是該堅守利益，抑或應該爭取客戶的信任才是明智之舉？

我常跟大家分享，**在商業談判時，不能只是片面思考如何爭預算，更重要的是應先爭取客戶信任**，有了信任基礎，客戶才有可能相信公關公司不會浮濫報價，也才會尊重並接受我們提出的合作條件及預算，這有前因後果，不能輕忽。

至於「多做」是不是就意味公關公司吃虧了？舉例來說，如果客戶是餐飲業，當面臨市場傳出禽流感疫情、黑心食材、開放萊豬進口等食安問題時，我會即刻提醒他們注意，且要再次慎重自我檢視，確實做到讓消費者安心。又如，媒體談到某品牌西進受挫、營業額下降時，雖然是別家業者的問題，但我也願意花費時間心力主動告知客戶，這個議題可能會有什麼樣的發展，是否預作準備因應，必要時我亦可協助提供顧問服務等。

當客戶感受到，我把他的事情當成自己的事情同等重視關心，真誠為他付出，無形中也是在建立客戶對我們的信任，這些「多做」絕不是「多錯」，而是「多多益善」，其實都是讓利的行為，我認為不只有意義，也非常值得。

公關人不能誤解了「爭」的本質，真正該爭取的，是客戶的信任與口碑，也期盼客戶明瞭及體諒，公關公司所爭的，也只是你們對我們的支持與尊重。

公關叢林，活下來的就是狼

- 商業談判不能只思考如何爭預算，更重要的是應先爭取客戶信任，有信任基礎，客戶才會尊重代理商的合作條件及預算。
- 決定是否讓利之前，必須先釐清，是不是只有眼前的利益，還是可以預見對方長期合作的潛力？

03 開除客戶的勇氣

投入公關事業以來，我曾有幾次主動「開除」客戶的經驗，其中一個是我曾合作非常多年的一家知名外商，起初只是服務他們單項產品，在成功為產品打造出獨樹一格的形象與品牌價值後，隨著時間的累積，後來這個客戶旗下的居家清潔、文具辦公、個人保健等產品，只要是與行銷公關相關的業務，四年來幾乎都交給我服務。

這家外商公司與我們簽訂了長期合約，有一段期間它堪稱是公司三大主要客戶之一，所貢獻的總體業績，在全公司全年營業額占比有舉足輕重的比例。面對如此重量級的客戶，勢必小心翼翼的捧在掌心上，幾乎有求必應，唯恐哪天客戶移情別戀。我想，大部分的公關公司都是如此禮遇 Key Account（主要顧客），也是我們業內統稱的「大鯨魚」。

有鑑於此，有時我就會基於人情，適度的幫忙客戶公司的各品牌主管，處理一些公關方面的瑣碎事務（一方面也是因其公關部門的人手有限），像是當對方要向公司匯報時，我會協助彙整資料，以便她能順利完成報告任務。這樣的出手支援，一方面是看在長久合作的情分上，另一方面對方的請託也在情理範圍之內，所以我通常釋出善意、情義相挺。

只是沒想到這位主管的要求越來越令人為難，不僅遠超出合理的範圍，在語氣、態度上也常讓人感到不舒服，例如，她會要求我的同仁必須立即處理非長約公關服務中的私人作業，而這種狀況還越來越頻繁。有一次，她甚至在傍晚接近下班時間打來我們公司，要求隔日一早就要完成她交辦的事項，等於要我的同仁為了她的私人作業而加班，而且態度近乎野蠻！

凡此種種，造成我們不小的困擾，我特地與對方私下溝通過幾次，她口頭上承諾會盡量改善，但事後卻依然故我，直到有一天，她竟然咄咄逼人的直接質問我公司的會計：「你們公司一年賺我們公司這麼多錢，妳現在就給我一份報表，把你們所賺的每一塊錢都列出來，我要看！」這次真的徹底激怒了我！

這個要求已經到了莫名其妙、無理取鬧的地步，她的身分只是客戶的公關主管，而不是這間外商公司的股東或老闆，即使客戶再大、業績貢獻再多，都沒有權利干涉公關公司的營收狀況。於是我毫不保留的明確表態：「請問妳以什麼立場指揮我的會計，妳是他的單位主管嗎？」、「我公司賺多少錢，都有報價並開發票為憑，妳應該找自己公司的會計計算，而不是吩咐我的會計為妳做事！」

然而對方不但沒有一絲愧疚，還大言不慚：「這本來就是你們該做的。」我反問：「我們雙方的合約裡有載明這是我方應該服務的事項嗎？包括妳每個月要求我們非合約內的報告？」她惱羞成怒的想繼續喝斥：「妳不要搞不清楚，你們一年賺……」，我立刻回她：「小姐，我不賺了，可以吧！」我沒給她機會把話說完，直截了當終結這麼不健康的對話與合作關係。

當月我立刻寄出解約書，客戶其他部門的主管得知消息後大吃一驚，聽我全盤說出事件原由後，他們才知道自家公關主管的假公濟私。雖然大家都勸我不要衝動、別與她計較，但我既然會講出對方欺人跋扈的行徑，就表示已經深思熟慮，下定決心不再提供服務了。不過話雖如此，我與這家外商的其他主管不但沒有交惡，有些至今都還是好朋友，依然保持聯絡，但我也把立場表明得很清楚，只要這位公關主管還待在客戶公司的一天，我就不會再走回頭路。

尊重人，是合作的基本原則

另一個事件，是我第一次在對方面前親口說出：「我要 fire 妳！」的國際品牌。當時某牌手機正計畫在臺灣第一次發表直立式功能的產品，由於這個案子是由一家廣告公司負責，他們找了我們辦理公關發表會。

在一開始討論發表會如何進行時，廣告公司的創意是以階段式解謎手法，讓觀眾猜猜廣告代言人是誰，這種呈現方式在當時顯得非常有創意，也很有話題，但我必須再次強調廣告與公關的差異，如果硬要比較，公關的限制性相對較大，有些廣告創意與公關可以同步呼應，但本案不行，尤其不適用於產品公關記者會。以公關的專業立場來看，發表會必須盡量吸引娛樂媒體到場，而吸引記者到場的最大誘因，就是告訴他們，代言人是當紅的偶像團體，他們必定不會錯過採訪機會。因此我們一再向客戶說明影劇娛樂線記者的產業生態與公關原則，如果要媒體猜謎，在不告知代言人的情況下發出採訪邀請，沒有人會買單出席的，這將是本次公關活動能否執行成功的重要關鍵。但是客戶完全不接受，甚至對廣告公司施壓強迫我們聽話。

到了最後的行前會，我跟兩位同仁準備一起去客戶公司開會的車上，在路程中同仁接到一通電話，講不到幾句，我就清楚聽到電話那頭傳來非常傷人的咆哮聲。這位同仁掛斷手機後，眼淚止不住的掉，我忍不住問是誰打來的，怎麼罵得這麼難聽，同仁才說出是客戶公司的X小姐，而且她一直以來都是這樣說話的。

我得知後非常生氣，一到客戶公司就立刻表明，發表會的案子我們公司策辦到此為止，請客戶隔天自己到會場開記者會，我們的全體公關人員不會出席。隨後我對著X小姐直言：「為什麼妳在電話裡罵人這麼難聽？我聽得一清二楚，請妳道歉！」客戶窗口一開始還不太情願，急於辯解，但看我非常堅持，一直僵持下去場面會很尷尬，才終於道歉妥協。你們覺得我很在意這個道歉嗎？客戶的顧問費與道歉兩個字哪個值錢？在我心裡有一把很重要的量尺，不可挪移。

由於這次發表會是由廣告公司找我們合作，所以我最後還是尊重廣告公司的決定，繼續完成活動，畢竟不尊重我們的是這個客戶，於情於理，都不該讓找我合作的廣告公司下不了臺，對於做生意的是非黑白，我認為還是要很清楚。而活動也按照我們堅持的公關原則，在採訪邀請函上事先說明了代言人是誰，結果也很圓滿成功，備受矚目，但我們也從此把這個客戶列入「拒絕往來黑名單」。

一直以來，我很堅持**服務客戶的原則底線**，**就是必須相互尊重**，企業品牌在接受公關公司提供的服務時，**不僅要尊重我們的「專業」**，**也要尊重我們服務的團隊——「人」**，公關公司並不值得為了一個案子，讓自己或團隊的人格受辱。這個原則也不會因人而異，即使是客戶的大老闆親自打電話來，倘若是不合理的要求，我也照樣會據理力爭。

現在的我，隨著更多歷練已經漸漸修正自己的個性，在某些與客戶有價值爭議的過程中，相較以往更會忍住情緒、整理想法，先延後討論時機，讓對方也有時間調整緩和情緒，找出共同可行的解決方案。**唯有對於毫無人格的羞辱，至今我依然無法接受，就算客戶付再多的錢，我也不想接。**

「我不做，我最大」，一直是我的基本底線，而違反相互尊重的大原則，就是我開除客戶的勇氣。

公關叢林，活下來的就是狼

- 服務客戶的底線是相互尊重，不僅要尊重公關的專業，也要尊重服務的團隊——人。

04 我只說實話，也只幫說實話的客戶

從成立自己的公關公司，提供客戶各項服務開始，我就非常堅持一個信念——無論客戶企業規模是大是小、預算是多是少，不管遇到什麼樣的問題，我都只想對客戶「說實話」。

多年前，曾有一個與我長期合作、跨足零售服務領域的客戶，因為他的門市人員沒有傳達清楚商品訊息，讓客人對產品產生認知落差，而極度不滿，不只直接訴諸媒體，甚至在網路上傳播對於這家店的負面印象。

事情一發生，客戶就十萬火急的找我參加他們高層召開的緊急應變會議，想要研商如何圓滿解決這場事關商譽的消費糾紛。大老闆希望我提出一些建議，並與高層們一起討論出因應方案，以及協助評估方案的可行性和風險。

我印象很深刻，假設因應方案以消費者滿意程度五分作為最高基準，當時與會成員分為兩派，一派主張絕不能因為消費者向媒體投訴，便任其予取予求，強烈支持用滿意程度三分的方案來應對就好；另一方（包括我）則認為，此事不容小覷，希望採用滿分五分的方案，讓事件盡快平息落幕，以免之後越演越烈。

當時，我以多年的危機處理經驗縝密評估後認為，客戶若選擇三分方案應對，極有可能無法徹底解決這個消費糾紛事件，而且後續風險非常高。但由於兩派僵持不下，幾位高層決定動用投票表決，結果主張滿意度三分方案的一派得到較多數支持。

眼看事情即將拍板定案，這時候主持應變會議的經營者說話了，他問我：「我們多數選擇帶有風險的方案，維護公司的管理成本，但妳可否替我們再想想，萬一還有後續衍生的危機問題，有沒有其他可行的備案？」

我當場直接告訴這位已經合作十餘年的客戶：「說實話，我沒有備案！而且我無法承擔可能更大的危機風險。理由是，我已經在會議上詳細分析過各方案的利弊得失，也審慎評估了可能會對客戶商譽造成的損害，無奈大家仍然決定採用風險性極高的做法，恕我現有的能力與資源不足，無法再提供任何備案。」

用專業判斷，告訴客戶實話

不過，在給出這些回覆時，我滿腦子縈繞的都是——這個長期客戶每年編列的預算、交給我們協助辦理的各種公關活動、苦心經營的公司品牌和形象等成果，就因為高層之間無法達成共識，而可能毀於一旦！若真的走向這個局面，老實說我很不甘心，也替客戶不值，情急之下我竟忍不住紅了眼眶，淚就不聽使喚的掉了下來……。

結果，誰也沒料到，客戶的決策竟然在最後關頭「大逆轉」，最終決定採行滿分五分的因應方案。

若要說這其中究竟是用了公關專業的哪一個技巧，我只能汗顏的認為，原來客戶太聰明，眼見我情急掉淚就知道事態嚴重，所以審慎評估後聽進了實話。我想忠言或許逆耳，但只要是真言，聰明人絕對聽得進去。

聽話可以做一次生意，真話才能長久合作

客戶相信公關公司，願意交付預算，深信公關公司會重視他，如果選擇不跟客戶說實話，在我的認知裡這說不過去。雖然無條件接受客戶的任何要求，可以更容易的拿下合約，我的公司才有收入、有生意，但是這種生意可能只此一次、一年，無法成為我想要的五年、十年長期合作。

這個長期堅持下來的原則，讓我經常自嘲，自己現在已像是公關界的老妖精了，因為只要坐下來談十五分鐘，我就知道對方可不可能成為我的長期客戶，從對方提出的問題、要求，就能看到結果。

記得剛創業時，我也跟許多同業一樣，想要先抓住每個客戶，再慢慢建立長期合作關係，所以即便只是一個小案子，我都願意嘗試。但是在這種很想得

到客戶的心態下，我仍會不禁思考：到底是說真話，還是說客戶想聽的話，抑或聽客戶的話，才能抓住他們？

在身經百戰之後我發現，如果做了承諾卻沒有達成要求，結果不外乎兩種，第一種是失去客戶，第二種是客戶會責怪我，儘管事後我們能提出客觀證明解釋，但他們大多都聽不進去。所以，與其最後失信於客戶，我寧願一開始就不接受背離公關專業、或可能影響公關成果的要求。

客戶得誠實，公關才幫得上忙

另一方面，執行危機處理時，我同樣也會要求客戶必須對我們全然誠實，任何一點隱瞞，都可能讓公關團隊無法客觀判斷、安排應對策略，最後導致危機處理失敗，甚至讓事件往更糟的層級發展。

不過，要客戶誠實並不容易，因為事情的真相，很可能會摧毀他們長期累積下來的成就和名譽，所以我通常只幫已有認識基礎的老客戶處理突發事件，一方面是夠了解這家公司的作為，另一方面也知道怎麼跟他們有效溝通，好快速掌握情勢。

至於**那些出事才找上門尋求協助的客戶，我通常會婉拒**。曾經有某知名品牌在產品發生重大爭議時，臨時找到我們協助危機處理，但是初步溝通下來，感覺對方或許有所隱瞞，沒說真話。而且我們雙方完全沒有互信基礎，只是因為這次危機才有第一次合作，面對這種不可能完全坦誠的客戶，我就不敢承接，免得賺到了錢，卻賠了我自己的商譽。

回顧這近三十年的公關人生，我很清楚，有些客戶曾因為我過於坦率，或有時直言不諱的表達方式，在剛開始合作時會不太習慣，甚至可說是難以適應。值得慶幸的是，儘管這一路上不免偶有衝撞，但我向來誠實開放的溝通態度，對於沒有百分百把握的事，絕不信口開河草率承諾，一旦承諾了就會使命必達，不知不覺中，仍為公司贏得扎實的好口碑，並累積了許多長期合作的知名企業。

公關叢林，活下來的就是狼

- 處理危機時，客戶必須全然誠實，任何一點隱瞞，都會讓公關團隊無法客觀判斷、安排應對策略。
- 無條件接受客戶的要求，可以更容易的拿下合約，但這種生意可能只此一次、一年，無法成為長期合作夥伴。

05 媒體殺傷力有多強？

大約在兩年多前，發生了一件令我這匹馳騁公關場域多年的識途老馬，永生難忘的一個事件（老實說，這根本就是個慘痛的教訓！）。

事情發生在我踏入公關這行時就開始合作的一個客戶上。這家客戶在草創初期，我就一路隨著他們共同淬鍊、成長，從建立品牌、維繫商譽、長期運作公關事宜等，幾乎可說是無役不與，就像是我從小帶大的孩子一般，那麼的寶貝，情感深厚。

看著客戶已然茁壯、一躍成為國內知名的企業，我的內心當然無比的激勵，深感與有榮焉。而這個企業之所以成功的關鍵之一，有賴於經營者本身待人處事和管理決策都極為小心謹慎、戒慎管理之故。

某日，有位往來許久、已相當熟識的知名媒體記者，向我提出想要專訪這位經營者，依我多年的工作經驗判斷，這家媒體的報導風格及標題用語，向來趨近犀利觀點的路線。因此，我第一時間便委婉的替客戶推拒了這項邀請。

老公關也會翻船

然而，沒想到這位媒體朋友鍥而不舍，一而再、再而三，持續的提出邀訪，甚至在多年後的某一天，拿出一疊該刊當時嶄新的報導為例，向我保證，新上任的總編輯與前任行事作風不同，絕不會以負面立場進行專訪。在記者信誓旦旦的承諾，以及過去多年往來的信任基礎，再加上我事前反覆溝通，確認訪綱無虞之後，客戶終於點頭同意受訪。

媒體訪問當日，我自然是戰戰兢兢、不敢鬆懈，專注的全程陪同旁聽，確認過程中沒有出現任何一點差池。當我慶幸順利完成這次任務，鬆一口氣時，隔沒多久，這篇專訪文章刊出了。

當我第一眼看見那篇率先在網路上出現的專訪標題，發現竟然與原本認知的內容有嚴重的差異，而這樣的大反轉，剎那間讓我的全身血液直衝腦門，腦中立刻浮現：「我、死、定、了！」以及「我、要、掉、客、戶、了！」

還記得那時我正走在行人熙來攘往的忠孝東路上，只感覺一陣涼意迅速竄上背脊，腦子沉甸甸的，只差沒有當場昏厥過去。不過，我哪有時間喊冤啊？因為除了網路版，還有紙本，甚或其他媒體的轉載和引用，流傳層面之廣及長久，若不及時補救，最終受傷的將是受訪的客戶形象，那後續的連鎖效應我真不敢想像；更何況，這還是一個對我意義重大、我極為珍視的客戶！

我只能立刻回神，在客戶發難前先聯絡那位記者，了解為何專訪標題出現如此反差？我清楚表示，希望能與記者和總編輯商討修正專訪的標題，結果對方只在電話那頭淡淡的說：「這哪有問題？我覺得沒問題啊！文章內容的確是按照訪前溝通的方向撰寫的，我看那標題也還ＯＫ嘛！」

聽到記者的話，我立刻心裡有數，原來即使我已用盡渾身解數，做好一切前置溝通的內容把關，也無法充分掌握媒體實際出刊時，標題的切入角度及用字，因為我們畢竟不是媒體的總編輯，也不擁有媒體，更不能左右媒體的客觀立場。

即便專訪內容確實符合事前溝通的方向，但標題卻與內容有著極為明顯的反差，甚至可能讓讀者還沒看內容，就先入為主的對客戶有負面的觀感。這個結果，先別說客戶無法接受，就連我這經驗豐富、小心翼翼的公關老手，都覺得完蛋了，但無論如何，我知道得自己解決這個難題，就算想破頭，也必須設法把局面扳回來。

媒體的客觀其實很主觀

說實話，當我稍後接到企業經營者親自來電關切，要求我務必請媒體修正專訪標題時，老練如我，仍處於茫然無助、不知從何著手的狀態。我懇切請求客戶再給一些時間，我會窮盡一切方法處理，等事情告一段落再登門請罪，即使客戶最後決定停止合作，我也無話可說、絕不埋怨。

值得慶幸的是，客戶並沒有動怒斥責，反而很冷靜的叮囑：「我知道如今我再生氣對這件事也不會有幫助，妳先專心的想辦法處理吧。」聽完客戶的這幾句話，我知道責任更沉重了。

左思右想後，突然想起與我交情不錯的該媒體前副總編，我趕緊聯絡並簡單說明了事情的原委，拜託他無論如何都要幫忙，嘗試直接邀約該媒體的主管見上一面。幸好，這位老朋友不負所托，終於讓我與決策主管會面了。

會談時，我很婉轉的先向該媒體主事者表明，我也曾從事媒體工作，完全能理解媒體為了提高該篇專訪的可看性、吸引讀者閱讀、增加點擊率，一定希望每一則報導或專題都有「亮點」，甚至「爆點」。但正如同他重視自己的媒體一般，我也同樣重視我的客戶，而這個客戶原本是不接受媒體採訪的，因為記者一再的盛情邀約、又提出訪綱上的保證，我也信任記者的承諾才促成專訪。若現在因為標題描述的落差，恐將造成雙方嚴重誤解，這將成為沒有贏家的局面，豈不令人惋惜？因此，我誠摯希望能適度的修正標題。

一開始，對方仍堅持立場，認為報導內容無錯誤，而且既已刊出也無法挽回，就沒有必要修正。聽到他這麼說，我只好「放大絕」，慢條斯理的分析近幾年媒體與企業的互動關係，以及公關公司與媒體合作的資源利弊，在不違反新聞客觀報導事實的原則下，應該要以「互利共生」為合作基礎。更提到，如果這次事件能夠達成圓滿共識，那我們的集團未來也願意進一步加強後續的互利合作，以建立互信友好的未來。

在動之以情、承諾共好的大前提下，媒體主管終於同意修改網路上的專訪標題，讓我鬆了一口氣，完成了一件幾乎不可能的任務。**這位媒體主管大概萬萬沒有想到，我會把客戶利益看得比自己創辦的公司資源還重要**，全心全意去維護客戶的利益，最終有驚無險的化解了這次重大危機，而我這商場老兵也著實上了一課。

說真的，其實去尋求媒體溝通之前，我一點把握都沒有，我知道該媒體很「硬」，但是我內心有著強大的勇氣，是捍衛客戶的勇氣，而這個力量讓我變得堅毅，去面對問題，解決問題，我想這才是成功扭轉局面的關鍵要素吧。

公關叢林，活下來的就是狼

- 公關人永遠都不要輕忽媒體的殺傷力，更不要高估自己的經驗值，無論在這個行業做了多久都一樣。

06 為了捍衛專業，我跟誰溝通都理直氣壯

記得許多年前，我們剛接了個新客戶，對方的聯絡窗口總是喜歡針對每個活動的預算跟我們議價，儘管已經議定好合約的牌價，但他總是習慣能拗就拗，而且說話方式很打擊公司同仁的自尊心，因此每一次議價都在耗損雙方的能量，考驗著初期合作的默契。

直到有一天同仁忍無可忍來向我求救，我打電話過去和雙方溝通，但仍然無法改變膠著的狀況，我氣得追問對方：「請問你把公關公司當成地攤嗎？為什麼要弄得像在市場買菜，硬要老闆送蔥、送薑，現在還要我送高麗菜？」

對方被我一激也怒了：「妳怎麼這樣講話！」我說：「你回想看看，你剛剛的議價像不像在市場買菜，如果我們合約議定的價格都不能遵守，那幹麼還

要訂合約？」

我要求對方之後不要再做這種損人不利己的事，並且明白告訴他我堅持不議價的兩個理由。第一，每次議價不管成不成功，都令公司同仁身心俱疲，何不讓他們把時間心力花在更有價值的事情上？如果我的服務團隊認真為客戶聯絡到一家媒體，促成一個專訪，對客戶來說，得到的遠比拗來的更多，何必執著於價錢衝突？

第二，雙方才剛開始合作，正是需要建立信任與默契的時候，如果願意尊重我們的專業，把服務團隊當成自家夥伴好好對待，那麼公關公司也會把客戶視為自家的一分子更賣力服務，爭取更多的公關利益，這樣的良性循環才能帶來更好的績效結果。

客戶聽了我們不願讓步的理由後，仍有很多情緒，所以整個溝通過程始終不太愉快，但在深度思考後，雙方關係還是有了正向的改變，最後我們連續服務這個品牌十餘年。**客戶不僅接受了我的理直氣壯，之後還成為了好朋友！**

客戶往往以「看得見的」衡量公關值多少

我常不厭其煩的告訴同仁，**客戶需要的並不是一個全然聽話的代理商，而是可以經常奉獻產業觀察與策略的夥伴**，在雙方意見不一時，應該要有可以充分表達與討論的空間與默契，這才是我們服務的最高價值。

客戶付出預算，公關公司收取費用提供服務，表面上看來，合約裡的乙方（公關公司）總是矮甲方（客戶）一截，必須配合甲方的無理要求，這是許多同仁的疑問和委曲。

但事實上，甲乙雙方的某些立場或許對立，但相互合作的基礎是平等的，甲方信任乙方的專業，乙方因專業得到甲方的尊重，這是相互信任的夥伴關係，所以當乙方必須因為專業而拒絕要求時，更應該理直氣壯。

很多客戶不了解公關公司可以提供哪些服務、怎麼收費，所以想法可能有些天真，會以他們「看得見的」去衡量該付多少錢才合理。因此有些客戶會要求預估投資報酬率的成果，例如，假使他投入八十萬元來辦這場活動，我們可能要提出六倍的投報率，他才會安心或滿意，也就是必須讓客戶活動最後在媒體曝光的總價值，要相當於四百八十萬元。

有些公關公司會同意客戶這麼做，但我並不認同這種做法，因為公關的價值不能這樣計算，我們提供的服務除了「量」，更帶有「質」的成分，但偏偏很多客戶就是相信必須有這些數字，才能衡量公關公司所提供的「品質」。

我舉一個親身經歷，大家就會更清楚這個狀況了。

公關成效不能以「量」來拗

曾經有個第一次合作的客戶，是做餐飲業的品牌，在委託我們辦理活動期間，曾經試探性的對公司同仁提到：「TVBS要來喔、三立要來喔、東森要來喔……。」

如果是我聽到這種要求，當下就會坦白的告訴客戶：「媒體不是我家開的，我們怎麼要求記者一定要來，更何況還點名指定，這我沒有辦法承諾！」

但我的同仁不像我這麼直接，只會含蓄婉轉的說：「我會盡力，如果議題還不錯，當天又沒有太多重大新聞的話，媒體應該會來。萬一這家沒來，也可能會有別家的記者來呀！」而這也是大多數公關人的回應方式。

可是這個餐廳老闆，竟然當真在活動隔天拿出媒體名單一一核對，說有媒體沒來，必須扣我們的錢：「我跟你們同事說過，要有哪些媒體到場，他有說會盡力邀請，他們大部分都有來，其中就是這一家沒到，所以要扣這一家的錢。」

我對他再三說明，公司不曾確切保證過這些媒體都會到場，但他仍絲毫不肯妥協，還回應我：「我付你們這麼多錢，有一家沒來我就只扣一家，這有什麼不對？」

坦白說，當時我很訝異客戶的反應，因為他自己也做過公關工作，應該明白公關的價值所在，可是當他變成客戶角色時，卻反過來用這麼嚴苛的態度對待公關夥伴。

起初我還按捺著性子溝通，但他的態度始終非常強硬，堅持要扣款，想當然我最後跟他起了強烈的爭執。我認為，如果客戶要求扣款的原因合理，公關公司當然要認帳，但是這次活動並沒有任何執行不當之處，不能因為一家媒體沒有到場而扣款。

為了不讓局面僵持不下，我找了一位雙方的共同朋友當中間人跟客戶談，但對方仍然不願意按行規行事，最後我只能使出殺手鐧，直截了當告訴他：「你可以不付這筆錢，但我會想辦法請這家媒體的主管聯絡你，請他說明為什麼當天沒有出席，如果他認同你應該扣錢，我就二話不說讓你扣，但如果他也認為扣錢不合理，以後這家媒體再也不會報導你們的活動和新聞。」

聽到我這麼說，換成客戶傻了，他沒想到竟然會有公關公司敢這麼理直氣壯的跟客戶說話，還要找媒體來釐清！最後因為客戶也不想把事情鬧大、得罪媒體，便乖乖退讓，依約付款，結束了這場紛爭，不過他也從此被我列入拒絕往來名單。

當客戶要求公關違反專業，或是做法可能影響客戶的長期利益時，我們絕不能就這樣乖乖聽命行事，因為客戶或許不了解他們的要求會造成什麼影響，公關人員必須拿出專業幫忙把關，即使醜話說盡也要說服客戶。

用專業據理力爭，選擇做對的事

這可以用一個淺顯的例子來說明。有一位客戶總經理非常堅持自己過往擁有的傳統媒體經驗與人脈，剛剛到任就想展現自己的優勢，不僅替換原來的企業公關窗口，面臨突如其來的一個產業敏感議題，他更主張請公司剛剛到任的公關窗口與產業線記者聯繫溝通。我們擔心新來的窗口處理敏感議題，會有擦槍走火的狀況出現，所以委婉的建議，能夠讓新人在適應了解公司文化及媒體特性後再上陣。

但是由於這位主管急功心切，不理會我們的建議，完全以自己的想法進行，而我在最後一刻告知對方財務長，接下來可能會出問題，請他們內部再次審慎評估。雖然此舉惹得新官上任的總經理不太開心，但守住了可能衍生發展的危機防線。

另外，許多客戶經常想與媒體交換條件，就像交換獨家新聞、以廣告交換新聞、以金錢交換獎項等，這些都是公關操作上相對有風險的行為，有時看起來聰明，實際上後續卻得罪了媒體，得不償失。

所以針對這些公關上的操作風險，我們通常會據理反對，有時也會讓客戶覺得不開心。但我想再次說明，這不是不尊重客戶的行為，而是為了維護客戶利益而堅持的原則，我們選擇做對的事，是因為不希望客戶承擔任何風險。**保護自己的商譽與利害關係人的良善關係，這才是好的公關顧問該做的事。**

一時的據理力爭看似惹人討厭，但往往守住了企業公關的最後一道防線，若要問我：萬一客戶因此而討厭妳，要把妳換掉怎麼辦？我會說：「那就換吧！現在不據理力爭，以後他會怪你不專業；但若是我明白勸阻而他不聽，至少他會知道你是專業的，即使他可能換掉你，你也要捍衛自己專業的形象！」

對於公關公司來說，客戶的利益是唯一目標，只要是做對的事情，就應該以理行事，戮力促成最佳成果。**作為公關，我們永遠都要比客戶走得快一點、想得多一點，永遠維持專業，才能贏得客戶的尊重。**

公關叢林，活下來的就是狼

- 客戶需要的不是全然聽話的代理商，而是可以經常提供產業觀察與策略的夥伴。
- 客戶的利益是唯一目標，只要是做對的事情，就應該以理行事，戮力促成最佳成果。

07 一旦緣盡情了，也要好好說再見

情人之間即便是你儂我儂、如膠似漆，一旦緣盡情了，也有必須說再見的時候。所以，學會好好分手，也是個學問。

公關公司與客戶有時就像情人一樣，通常我們也會有蜜月期，合作初期很認同彼此的專業，情感喜好也經常一致，也會因為時間累積出革命情感。像是企業內部的公關部門就是公關公司合作的主要夥伴，許多公關任務必須雙方一起面對、克服，透過內外協作才能使成效更好，這樣不僅能贏得外部社會大眾的正面觀感，企業內部的公關人員也可能因此建樹好成績，贏得拔擢。

但合作久了之後，企業與公關公司也會變得像老夫老妻，從甜蜜的相處，到摸透了彼此，自然也漸漸缺乏新鮮感。所以企業與公關公司之間，和婚姻中

的喜新厭舊也有共通之處：正因為太熟悉了，也了解彼此的缺點，有時候難免嫌棄一些事情做不到位，或是認為可以要求對方更多，就貪得無厭的賦予一些不近情理的任務，導致彼此的嫌隙更大。

有件事在我腦海印象很深刻，有個長期客戶新聘了一個從公關公司來的內部公關主管，這位主管剛上任時意氣風發，想要大破大立，就拿外部合作的公關夥伴開刀，在還沒有徹底了解公司的內部文化與老闆性格之前，就率先制定了很多他認知的新辦法、新規定，準備大展身手。雖然我試圖說服他事緩則圓，但他仍然固執的用自己的方法辦事，撇開公關公司，直接個別邀約線上媒體見面，試著自行建立媒體關係。

在沒有充分資訊與清楚知道企業對外發言規範的情況下，想當然耳發生了很多意想不到的事，一方面媒體反映了他也無法處理的狀況，另一方面大老闆知道這件事後動怒了，還責怪我們為什麼不阻止他。

這種狀況下，身為外部公關夥伴真的很尷尬，在我們也沒有被告知的情況下，要如何判斷或協助他的行為？果不其然，這個主管只待了三個月就和大家說再見了。

他問我為什麼這個企業的公關部這麼難搞？我很誠心的告訴他，企業公關難不難做，不在於工作本身的複雜度，而在於事前充分了解利害關係人，剛剛上任就不宜莽撞行事，應先了解企業內部，像是老闆與同事的行事慣例、企業文化，和熟悉外部情勢，例如媒體的習性，這些資訊其實都可以經由我們公關公司去了解掌握。所以這個事件的責任，我認為在他個人，而不是企業主。

買賣不成留情義，分手要有君子風度

我們與這家客戶的合作關係，沒有因為這個事件產生什麼不良影響，不過客戶與公關公司之間出現質疑，導致彼此關係發生質變，甚至出現琵琶別抱的想法，也不算少數。

客戶想要換掉公關公司其實並不難，只要一個「公司今年的政策要重新比稿」這樣的理由就好，表面上看來像是給了公平比稿的機會，事實上可能早有預設立場，公關公司自己應該心裡有數。

比較尷尬的情況是，提出分手的是公關公司這一方，想要換掉客戶，就必須好好顧慮客戶感受，畢竟在我們這一行，主動提出結束合作關係的真不多。

有個曾經已經服務很久的長期客戶，合作期間服務團隊一換再換，幾乎每個同仁都說受不了客戶企業內部的文化、決策流程反覆與冗長，加上與企業內部的窗口溝通不良，導致團隊新血不斷流失、耗損人力。另外，同仁也埋怨該企業的公關顧問費不夠合理，覺得不符成本效益，但又無力改變現有合約的價格……種種陳年累積下來的理由，使得團隊不想再繼續服務下去。

這時候要選擇和已經服務長達十年左右的客戶說再見，你說難不難？我想，每個公關人的答案都會是：「很難！」

因為關係久遠，依賴彼此甚深，要轉換合作夥伴，會是個很大的挑戰。所以代理商若要提出分手的解約通知時，就必須設想對方的轉換期；當決定不再延續合約的同時，除了按合約的期間進行移交，更好的狀況是，等待對方新一年的比稿合作對象出爐，然後再配合客戶與新的公關公司進行移交。也就是雙方即使因為了解而分開，分手時除了誠心祝福之外，如果力所能及，也可以等待客戶找到新的合作對象，做好移交手續後再好好說再見。

能夠做到這一點的是君子，當然也不時有分手分得很難看的狀況。但我想，我們與客戶之間畢竟不是婚姻關係，更不是家人，利益上的商業合作，也應該沒有這麼糾結的愛恨情仇，一旦走到必須分道揚鑣，不妨拿出君子風度給予彼此祝福才是。

商場上的合作沒有絕對，如果是自己的服務不夠好，就大方讓客戶換人做做看，如果有自信認為「我真的很不錯」，客戶比較過後就會明瞭，所以客戶回頭再來尋找舊愛的案例也很多，不用搞到撕破臉的地步，畢竟「人情留一線，日後好相見」。

公關叢林，活下來的就是狼

- 與客戶分手，最好的狀況是，等待對方確定下一個合作對象後，配合客戶與新的代理商進行移交。
- 商業合作沒有絕對，如果是自己的服務不夠好，就大方讓客戶換人做做看。如果自認「我真的很不錯」，客戶比較過後就會明瞭。

08 「客戶都是對的」——公關人暗黑時刻

只要是公關人，一定都有過情緒黑暗期，負面情緒小則拖垮自信，大則會對整個公關產業失去熱情，甚至斷然拂袖離去，我說的一點都不誇張。

這個黑暗期是由幾個暗黑因子造成，包括一年三百六十五天、一天二十四小時的待命；不受尊重的對待；不對等的薪資報酬；和「客戶永遠是對的」的道理。

暗黑一：客戶是獅，媒體是象，公關只好是代罪羔羊？

記得有位同仁剛來公司上班三個月，有一天崩潰大哭，衝進主管的辦公室說他不想做了！因為他覺得自己的待遇「不像人」，為什麼只有客戶和媒體重要，他就得一而再、再而三的被刁難或羞辱？他和主管兩人一起進了我的辦公室，主管尷尬的希望我能強化他的信心，然而他只是不停的哭泣夾雜著委屈，吵著要辭職。

這樣的場面我不知已經見過多少回，年輕朋友總是覺得做公關工作很委屈，常常兩面不是人。許多時候我們需要不斷切換自己的角色與溝通角度，才能順利達成溝通的目的，也正因為我們必須站在客戶與媒體的中間，為雙方的立場設身處地表達想法，其中的利害衝突在所難免，公關的專業才更顯重要。

所以，在公關公司擔任主管其實大不易，在教育同仁扮演好角色的同時，我們也像個心理輔導的老師，要不斷引導他們正視自我，更要強化他們的認同度，否則，這個暗黑很容易打垮剛剛踏入公關業的新鮮人。**那些爸媽捨不得罵兩句的千金與公子們，來到公關叢林後，往往就像小白兔一樣，還沒闖關就被嚇跑了。**

暗黑二：我的時間不是時間？

對公關來說，時間是最寶貴的金錢，因為我們靠的就是人才與「人才的時間」，所以每個人都希望，在最有效的時間內，完成最有效能的事情。但是現實經常事與願違，因為客戶的時間也總是不夠，我們就經常在等待客戶的下一步決策。

然而客戶的決策者又通常不只有一位，有的公司甚至多達三、四位，層層上報、等候高層決策，光是等待結果就已經夠耗時，若是提案被否決、打回原形，更是完全壓縮到公關公司的時間。公關人經常漫無止境的加班，就是基於這個原因。

同仁經常會抱怨：「我們的時間就不是時間嗎？為什麼客戶決策過程的錯誤或延宕，最後時間壓力都在我們身上，這樣公平嗎？」大家已經安排好的約會、家人朋友的團聚，通通可能因為臨時性的加班而被迫取消。這種情況多發生幾次，不平衡的情緒節節上升，對工作的熱情很快就會被消磨殆盡，最後終於選擇放棄。

暗黑三：我不是7-ELEVEN，卻也要全年無休

深諳媒體屬性的公關人必定了解，新聞隨時都在發生，尤其進入網路世代之後，全球二十四小時都有可能爆雷，發生各式各樣的危機。

公關公司的客戶很多是消費服務性產業，無論是電信、3C、餐飲，或是遊戲、汽車等，各自都有潛在的產業危機和發生客訴的風險，有時消費者直接打電話去電視臺爆料，新聞同步轉載到網路上，一下子負面消息就遍地開花。

這種情況發生在非假日的上班時間，公關團隊當然得立即反應、迅速處理，但若是發生在假日或休息時間，我們就可以坐視不管嗎？一定是把手邊的事情立刻通通放下，立即處理緊急度最高的危機事件！

我曾經長期服務的一個速食品牌，就要求在合約上載明：「服務團隊必須不分假日或工作時間，優先協助處理緊急危機客訴。」**想要為這個品牌服務，**

這是第一要件，做不到的請退場。

所以，月曆上的紅字對公關人來說不算休假，運氣好的，賺到一天是一天；運氣不好的，連續一個月都在上班。跟同齡朋友相比，同樣是假日，「你在喝咖啡，而我在爆肝、流鼻血」，這種情景對年輕人而言，光想就害怕。

現在回想起來，我們已度過了多少這樣的日子，夜以繼日、沒有盡頭，然而這就是公關的本質，是無法改變的事實。

暗黑四：我也是人生父母養，你究竟有沒有禮貌？

公關同仁經常開玩笑的說自己是「阿信」，要把吃苦當吃補，會把這話掛在嘴邊不是沒有道理。因為良好的溝通方式是藝術，相反的就會像是利刃或毒箭，一支就能穿心！

有些媒體的心態很要不得，只要遇到公關人員出一點差錯就見縫插針，毫無同理心可言，有時說出口的話比三字經還要惡毒，一句話就可以把一個年輕人的工作熱情給扼殺掉，試問誰受得住？

所以我們公司有個不成文的規定，凡是碰到某幾位特定的媒體記者，一律不准年輕AE直接接觸，必須由主管親自聯繫，這樣記者就算要罵，也是罵「身經百罵」的主管。這不是因為主管的臉皮比較厚，而是主管的耐受力比較強，心臟比較大顆。

但要我說，大家出來工作就是謀個生計，誰都沒必要講話這麼難聽，有時聽到某些記者大哥大姐的惡劣言語，都讓我忍不住想問：「你有沒有禮貌？」**公關是與利害關係人（也包括媒體）溝通的工作，不是任由媒體罵爽的受氣包**，我們保持溫和客氣的態度，不是因為害怕得罪媒體，而是我們懂禮貌、尊重人，所以請大家適可而止，修養自己。

至於客戶方面的沒禮貌，比較常發生的是挖苦公關人員，冷言冷語、話裡帶刺，這些刺長期扎在心上，累積成巨大的疙瘩，然後彼此越看越不順眼，直到「相看兩相厭，非要換掉你」為止。這些黑暗的言語霸凌一再襲來，鐵打的心志也會承受不住，讓公關人員無比挫敗！

暗黑五：我出錯就杖二十，你出錯就裝沒事？

公關犯錯被放大檢視是常有的事，因為：一個專業又優秀的公關人員，怎麼能犯錯？當所有人都拿著放大鏡在檢視你的公關表現時，除了超高的壓力之外，還有一種「永遠都必須是模範生」的沉重情緒。

我們從小都學過「孰能無過」，但這道理放在公關人身上好像不管用，只要被抓到一點出錯的小辮子，客戶就會盯死你。但是客戶犯錯時我們卻必須寬容，甚至要裝作不知情，不能直指明說，更別以為他們會虛心檢討，因為「客戶永遠是對的」，有時還得做個臺階，讓他們優雅的走下來。

能夠做到這般境界的同仁，我要肯定的說一句：「你很棒，可以出師了！」但剛進入公關世界的年輕小朋友們，很多人連辦公室政治都看不懂，就要他們接受企業文化黑暗面的洗禮，難免內心開始上演委屈認錯的戲碼。能夠悟出排解情緒之道的，可以淬鍊成精，留在這個業界發光發熱；無法適應的，最終被淘汰或選擇出走，也是理所當然了。

暗黑六：我比別人卡打拚，為什麼領得比較少？

許多人在公關公司待久了，都會希望去企業或品牌工作，因為他們發現同樣是公關工作，客戶的公關部門比我們「高、大、上」。

在公關公司待了一段時間之後，多半會升上小主管，有些人在公關公司歷練了三、五年後，都不約而同的去了客戶企業或品牌擔任公關窗口，我發現最主要有兩個原因：一是感覺成為客戶後地位便不同了，總覺得可以指揮公關代理商，高人一等；另一個理由是，感覺企業或品牌端的待遇比較好，工作量又比公關公司少。

有同仁曾問我：企業內公關人員的能力未必比我們公關公司好，為什麼領的薪水卻比較高？即便我們努力證明他的薪資其實不亞於企業或品牌，但這些同仁在比較所有客觀條件後，經常仍會選擇到客戶端工作。

我就聽過一位離職同仁親口說過：「老闆，妳知道我很努力，我也比別人認真，但是我想要的工時與生活品質，往往讓我陷入兩難。所以請妳理解我想去客戶公司上班的原因，不是因為薪資而已，而是我希望更能夠控制我的人生，包括我的時間與情感，而且最重要的是擁有更好的生活品質。」

聽到這段話，我這個公關老鳥還能說什麼？這個暗黑促成了他理智的選擇，我似乎也必須尊重他們的決定，誰讓這行即使充滿了挑戰與成就感，卻克服不了人們對現實平衡生活的追求？

公關叢林，活下來的就是狼

- 公關業高工時又「賣肝」，必須不斷正視自我、強化認同度、找到排解情緒的方法與管道，做得到的人將能淬鍊成精。

09 三大成就感，我熬過每個撐不住的瞬間

俗稱「賣肝」且高工時的公關業，有著幾項不可避免的工作特質，像是活動提案前的腦力壓榨、提案內容一改再改、無數個趕新聞稿與活動流程致詞稿等文件的晨昏，以及像是活動道具與場地布置的準備、活動前一晚的熬夜彩排、或是深夜裡與客戶或總公司同仁的跨時區電話會議等。

我們都深深體會過，那些與同事在公司熬過深夜、迎接日出的革命情感，當然也有過能夠趕回家洗澡、小睡兩個小時，然後再穿戴整齊，趕到會場指揮大局的時光，這些都是每個公關人難以抹滅的深刻記憶與辛苦。

那種忙客戶、忙專案、忙到一眨眼又到過年，或是從籌備到召開，要拚在一週內完成的記者會，還有放棄假日處理危機的日子，誰沒有過？這都是公關

人真真切切的日常寫實，一點都不假，如果你全部歷練過一輪，你必定與我一樣，有一種痛徹心扉的領悟，悔恨當初年少不經事，誤入公關業啊。

但相對的，在帶領團隊二十六年的經驗中，我也一再與來來去去的年輕朋友分享我的經驗與選擇，傳達可以讓我堅持這麼多年公關生涯的理由，不外是以下三個公關人的渴望高峰，也就是「三個成就感」。

快速累積實戰能力，一年學會這些

無論你是不是相關科系畢業，在公關公司的每一天，都有人貼身帶領你學習，包括策略思考、提案、媒體邀請函撰寫、媒體電話邀約與溝通、監測分析、新聞稿撰寫、廠商遴選溝通、會場設計、現場活動執行、流程監督、第三單位溝通、結案報告等。這麼多繁複的工作，必須在高壓的時間與品質要求下完成，每一件都考驗著你的實戰能力。

我看過不少年輕朋友從一開始的什麼都不會，逐步訓練同時處理所有事件的各種環節，一年後蛻變成為成熟的工作者，記得有同仁的父母甚至覺得，孩子一下子長大了，處理事情的能力令他們刮目相看。

我常說，在這種短時間的壓縮之下，成長最快，驀然回首，才發現自己已經積蓄了極大量的實戰經驗，學習成就感滿滿。

客戶的成功，外界終會知道你的成功

提案是公關公司很大的挑戰，與競爭對手比策略、比創意、比活動執行力、比資源，還要比預算，什麼都要比，等比稿結果出爐獲得客戶青睞、贏得客戶合約，那又是另一波成就感的高峰，那種激動心情絕對不是一個「爽」字可以形容。

進入服務客戶階段後，每次任務執行過程順利與否，都會對公關人員產生巨大的影響力。知道嗎？天時、地利、人和對一個公關活動而言有多麼重要，有時候忙了大半年的專案，很可能因為一個無預警或不可抗力的因素，就讓所有的辛苦毀於一旦。

像是活動前一週才獲悉颱風即將來襲，使得媒體時程大亂；媒體邀請函發出後，才發現與競爭品牌撞場；活動現場大跳電；大牌藝人遲到影響活動開始時間；客戶發言人脫稿演出；產品展示數量不足引起媒體抱怨；代言人意外的緋聞模糊了新聞焦點……這些都會影響活動執行的成效。

記得有次一個零食品牌的消費者活動，在炎夏的戶外廣場舉行，當天接近中午時間，突然發生了一個藝人去世的重要新聞，原本答應要出席的媒體全都跳票，鄰近下午兩點舉辦記者會的時間，媒體出席人數寥寥可數。

這種狀況對公關人而言真的是驚心動魄，不只是記者會場面非常難看，隔天新聞曝光簡直奇慘無比，但碰上了也只能無奈的跟客戶解釋，而客戶能否接受就要靠平日燒香的福報了。

活動現場萬事太平、安然過關，贏得客戶開心的稱讚，若是媒體邀約人數如預期，曝光的數量也如預期，而且訊息的溝通精準，那麼結案必然漂亮。這樣的結果不僅保障了客戶的高度信任，也鞏固了年度業績表現，更是個人工作優異的重要指標，擁有客戶、公司和自己給予自己的肯定，更是重要的成就感來源。

業界肯定和影響社會，是最大的榮耀

公關人要的是什麼？除了客戶的信任、關愛與肯定，還有個人職涯中執案的成功案例累積。當你完成了一個個成功又具有產業指標性案例的實績，不只是客戶看到了你，外界客觀的評鑑單位也會看到你，那些得到專業獎項加持的高度榮譽，會讓我們開心到想飛起來。

每一年無論我們拿到的是國內或國外獎項，無論是動腦行銷傳播貢獻獎、公關基金會產業獎項、華文公關獎，或是國外如《公關周刊》（*PR Week*，全球公關諮詢行業最具權威的英文行業周刊）指標獎項，無論是團體獎、個人獎或是案例獎，那種年年獲獎的肯定，就像吃嗎啡一樣讓人上癮，成就感也攀上了高峰。

但在所有公關人的成就感中，有一種最至高無上、不可抹滅的，就是因為你高明的公關策略，影響了受眾的認知與行為，帶來思考與行為上的巨大轉變，端正了視聽；或是幫助了很多人，為社會做出正面示範，引起大眾的普遍共鳴。我想，這正是公關人最珍貴的榮耀與內在滿足，成就感難以言喻。

正因為有以上三種成就感的支撐，我才有辦法試著去淡忘那些客戶的機車、媒體的刁難、瑣碎事務的抓狂，以及合作溝通的窘困，我想所有的公關人，也都是在這些正能量之下，能再勇於面對下一個循環的新挑戰，是吧？

這些公關人渴望的成就感高峰，總是伴隨著挫折與挑戰，在每一次的任務中激勵著我們成長，當我們老練了、謙卑了，也將漸漸懂得自己在公關業、在社會上的價值了。

公關叢林，活下來的就是狼

- 在公關高壓的時間與品質要求之下，成長最快，驀然回首，會發現自己已經積蓄了極大量的實戰經驗，學習成就感滿滿。
- 公關人最至高無上的成就感，就是自己的公關策略影響了受眾的認知與行為，帶來思考與行為上的轉變，為社會做出正面示範。

CHAPTER

5

創業是狼狽前行的風景，每一步都美好

01 我的創業故事

時間回到一九九六年，當時我已懷有近十個月身孕，在一家經營家具家飾品牌的公司任職企劃與營業副總經理，而我的先生楊忠翰也在這一年開始創業。某一天我正在家飾公司忙著核對業績數字，盤算要怎麼分配業務訂單，可以讓這個月和下個月的業績都達標，就接到他的奪命連環叩，說隔天就要給客戶的提案忙不過來，要我馬上下班回去一起動腦。

我只好匆匆忙忙趕回當時才剛創業的十幾坪小辦公室，開始與同仁分配寫提案，因為這個案子是忠翰的公司草創時期的第一個大案，我早有徹夜通宵的決心，得拚搏一下！

那晚小辦公室裡燈火通明，大家的情緒都很高昂，且夾雜著一股什麼都不怕的勇氣。結果我們的提案真的通過了，大家都很興奮，但是接下來才是真正的挑戰，沒有足夠的人力怎麼服務好客戶？

苦思了一夜，我決心離開原本的工作，協助另一半創業。我們租下忠孝東路國貿大樓十幾坪的辦公室，開始了初期只有五個人的公司——先勢公關，而我自此成為先勢公關的共同創辦人（先勢行銷傳播集團已於二〇二二年十二月正式更名為先勢博報堂集團，我已於二〇二一年十二月底離開先勢，與新集團毫無關係，為免混淆特此澄清）。

公司成立後，我才開始重新學寫新聞稿

還記得我們的第一個客戶是一個醫療器材公司。也不知道是不是向天借膽，雖然我做了近十年的企業行銷工作，但從來沒有正式的公關經驗，就這樣硬著頭皮上陣，想當然也碰到了許多困難。

那時有個資深的記者朋友，因為家住在我的辦公室附近，幾乎有空就來友

情支持，指導我們該怎麼寫媒體邀函、新聞稿、抓議題，甚至教我們如何變換角色經營媒體關係。那時他的支持與愛護，點點滴滴都依然鮮活在我心。

由於我有長達十年的家具家飾產業經歷，產業知識豐富，也有具體成功案例，所以當時我們的客戶包括各大家具家飾品牌，像是伊莎艾倫、香港崇盟、IKEA、義大利品牌 Natuzzi 等，幾乎國內外各大家具品牌的公關我們都服務過，家具家飾業可以說是先勢創業的起源。

過了一年，公司編制慢慢累積到八、九個同仁，我們雖然在家具產業已站穩腳步，有小小的成績，但始終打不進其他產業品牌，於是我開始積極接觸不同產業，像是臺灣本土品牌金格食品、自然美，生活用品品牌莊臣、舒潔。那時我們為了學習新的產業經驗，什麼都願意嘗試，我總是誠懇的跟新客戶說：「我們絕對不如你們更了解自己的產業與品牌，但是我承諾一定會在最快時間了解你們，做你們最好的公關！」

進攻國際品牌，同仁忙到睡公司

二〇〇一年，公司進入比較穩定的時期，也接觸了許多外商客戶，舉凡3M、寶僑、百靈牌、美國服飾品牌BCBG、臺灣藍鐘旗下代理的一線時尚品牌如 Blumarine、Moschino，還有香港旅遊局和加拿大酒商施格蘭（Seagram's）等多元產業，都在公司人才到位下陸續爭取到手。當初好強的我內心只有一個想法：如果我們要往前再跨越，就必須向他人取經，而取經最好的方法就是向競爭對手學習。於是我毅然決定對外借將。向誰借？當然就是當前最強的公關集團，我先後從知名的本土及外商公關公司延攬人才，積極爭取強將加入當年的團隊。

那一段時間，是我個人企圖心最旺盛、學習力與收穫最強的時期，首先，許多思維和做事方式都必須打掉重練，像是單一專案變少了、長期客戶變多了，我們也從長期服務的團隊，培養成為新聞公關敏銳度更高的團隊。

那個時期的我們，若要以攻無不克、勢如破竹來形容一點都不為過。我們連續幾年拿下ＦＭＣＧ（Fast Moving Consumer Goods，快速消費品）產業裡，最重要的幾個指標性客戶，像是寶僑和聯合利華，更進軍３Ｃ產業，爭取到許多領導品牌的長約。

記得那時因為還沒有服務超級大客戶的經驗，所以員工們忙得人仰馬翻，二十幾個人每天幾乎都不眠不休，甚至有幾個同仁瞞著我偷偷住在公司裡，用紙箱鋪在地板上睡覺（後來還和我先生串通，直接買了行軍床放在公司裡）。直到有一次在一場戶外活動中，我遠遠看到一位同仁的爸媽，提著雞湯到活動現場來探班，一問之下才知道她竟然好幾天沒回家……。

第一個成立資深合夥人制度的公關集團

幾年之後公司經營越來越穩定，我便積極邀請幾位外來的高階主管加入經營團隊，與他們策略合作，慢慢將公司發展為各自擁有不同產業專長的分公司，採取利潤中心制，是我們走向集團化的最早雛型。

這個結盟看似順遂，但當時沒有人告訴我，原來組織整合是一件非常複雜又龐大的工程，即便我的企圖心百分百，但也必須承認，土法煉鋼的整合做法行不通。因為整合始於共創利益，當合作無利可圖，勢必無疾而終，而且不同專長的夥伴之間不易共事也是不爭的事實，合作的過程往往是內耗，沒有太大的成績與收穫，有時反倒削減了彼此的實力。

不過，失敗不會沒有意義，在整合失利後，我調整思維，改為以專業經理人的核心專長與擅長領域出發，推動公關事業的資深合夥人制度，讓各總經理都能實際擁有治理公司的股份，**我們也成為第一個採取資深合夥人制度的公關集團**。

集團發展到此，我心裡明白，若要讓公司持續不斷進步，漸漸邁向國際化，服務更多國際客戶，就必須走出臺灣。所以在二〇一六年底，我在資深業界前輩的引薦下，與日本電通策略聯盟，學習和國際同業交流，並進行初步的業務合作，後續由於國內私募基金達勝集團（KHL）的邀請，與其他行銷公司進行整併，經幾家公司併購之後，我們最終也加入了國際集團。

我必須老實說，當經營者勇敢的帶領團隊往前行，其實一開始並不知道這條路最後會不會到達目標，也不知道目標究竟正不正確、能不能成功。但是，我一直是個信念很強的人，當決定了方向，就會勇往直前。如果問我後不後悔把自己經營了二十幾年的公司賣掉，其實我一點都不後悔，因為千里江山終要放手給更適合的人，讓出舞臺給青出於藍的接班人，好讓它一直傳承下去。

對於創業，我想我交出了一張還算可以的成績單，雖然從創立到放手，中間有過不少錯誤和未能周全的遺憾，也領略了人走茶涼的人生常態，但我想創業本就是悲喜參半的歷程，在每一匍匐前行的步履中，我相信創業者都是戰戰兢兢的心情，但也只有我們自己能體會那通過逆境後的美好，每一步都有其不可抹滅的意義。

每一個決策都是學習的過程，不斷的體會失敗，不斷的修正，再不斷的重新出發，嘗試跨越，不斷的挑戰自己又勉勵自己，我認為這才是創業的精采。

公關叢林，活下來的就是狼

- 給新客戶的承諾：我們絕對不如你們了解自己的產業與品牌，但是我承諾一定會在最快時間了解你們，做你們最好的公關！
- 不斷學習、不斷體會失敗、不斷修正，再不斷的重新出發，挑戰自己又勉勵自己，這就是創業的精采。

02 當老闆，要把吃苦當吃補

很多人喜歡當老闆，因為覺得自主性高，決策判斷都由自己控制，而且舞臺無限大，可以充分實現自己的夢想，所帶來的高成就感也是其迷人之處。

你以為當老闆很風光？其實不然。許多老闆應該都和我一樣，不僅有著各式各樣的煩惱，也經常在午夜夢迴時內心有著深深的痛，不斷發現自己的脆弱，甚至成為情緒勒索的輸家！

為了大局，所有情緒都得照單全收

每當夜深人靜時接到電話，如果是客戶打來的危機處理事件也就罷了，因為只需就事論事處理即可；最怕的是處理同仁的情緒問題，像是聽到電話的另一端傾訴著工作困境，或憤怒、或傷心、或流淚請辭等，此時我無法逃避或拒絕，而且必須在第一時間處理這些負面情緒。

面臨這種狀況時，我通常也有兩種情緒：一是不捨，捨不得他們的憤怒與難過，為他們不平；二是憂心，擔憂此事可能影響對方的動態，更危及公司人事不穩定，所以得竭盡所能的安撫與鼓勵。

有時一通電話三十分鐘就能結束，化解危機，但也有可能要花上一、兩個小時的溝通，費盡思量。掛斷電話的那一刻只覺得精疲力竭，癱在床上輾轉無法入眠。**這種情緒勒索一年總要來個好幾次，只是對象不同罷了。**

有一年，一個公司最仰賴的得力夥伴決定要遠赴他鄉另謀發展，我好不容易授權交予的重責大任，瞬間又要轉回自己的身上，而且只有一個半月的時間可以交接。資深夥伴只丟下一句話：「這是我的夢想，我決定要去闖一下，看看外面的世界，希望妳能夠諒解與支持，讓我離開。」

當時我來不及處理自己的驚慌或傷心，也無法接受多年來的情分和委以重任的交付毀於一時，更不能理解信任的背後為什麼會換得分手的結果，內心的痛很難形容。但做老闆的我其實並沒有時間難過，只能面對現實狀況，承受要立即交接工作的壓力，以及組織變動所衍生的不安定，還得提起精神來重新布署新的人事架構，好穩定軍心，安撫客戶。

當時，我無法開口要求他放棄大好前程，也不能告訴他：「你不在，我怕我會撐不下去……。」身為老闆的自尊，讓我放棄開口挽留，情感上，我更不想情緒勒索他，因為我很清楚這絕對不是長久之計。員工也會「留來留去留成仇」，反而變成歹戲拖棚，越留越難看，最後還可能換來他的埋怨。

做老闆，並不適合隨便跟人傾倒情緒垃圾，因為我牽動的不只有一個人，而是一群人。**反倒是員工很容易向主管吐苦水**，最常聽到的就是：「我受不了了，我不要做了，我為什麼要這麼委屈？如果不……我就……。」每次接到負面情緒時，我心裡也會ＯＳ：「其實每個人都很委屈，你們有垃圾可以往我這裡倒，但我呢？我該跟誰說？」當然這樣的ＯＳ只能放在心裡，感嘆之後再轉念：「算了，就讓他盡情發洩吧，如果我不聽，他可能就會辭職，還會影響我們之間的長久關係，何必呢。」

為了工作，我後來學會對自己的情緒不忠誠，還刻意維持堅強的形象，甚至以極度扭曲的方法來了結這些負面的溝通。我承認自己有時很無力，也會無力招架這些負能量，但表面上又要裝作若無其事，這些長期累積的情緒也漸漸反應在生理上，讓我身心俱疲。若要問：**老闆心裡會痛嗎？我的回答是：當然會！而且經常痛得不得了，卻不能說！**

老闆不是聖人，無法每個決策都「對」

我經營公司二十七年，不知做過多少大大小小的決策，要說我的行事都沒有瑕疵，絕對是騙人的。回顧每一個決策的過程，有時是受迫於「情」，而這種不得不對「人」妥協的錯誤決策，也經常在若干年後出現負面效應，讓人懊悔不已。

有時是任用了不對的人；有時是逾越了公司的規定，給了特別條款，導致不公；有時甚至是心軟到做不出一個資遣的決定，而讓情勢更加惡化。這時，才會發現自己看似堅強，其實內在很軟弱。

在某次會議中，有個主管說：「我對部屬這麼好，傾囊相授，他們卻時不時威脅我要離開，要走就走好了，我真的受夠了！」當他說出這句話時，我全然理解他的感受，那是一種憤怒夾雜著傷心的情緒，心裡一方面喊著：「我對你這麼好，你怎麼這麼不領情？」另一方面又覺得：「夠了！你翅膀硬了，就這麼無情要離開我了！」這樣的情緒交雜著難過與痛心，最後再用僅存的自尊來偽裝自己，而且也不能抱怨，只能不斷檢討自省：為什麼我留不住他？為什麼這個工作或環境不能留下好人才？

記得有位事業部主管不斷和一位很難溝通的同仁產生衝突，雙方幾乎到了水火不容的境界，連在辦公室裡都經常擦槍走火，影響其他人的工作氣氛。但在人才難尋的情勢下，這位主管問我該怎麼辦。

我告訴他，最好的方法是換個角度思考，為什麼不能與之共事，是因為對方不服氣你的決策？不習慣公司的管理風格？或對方單純只是「討拍」或沒有安全感的表現?身為主管或老闆，如果沒有雅量先自行檢討，又如何能夠解決問題?

老闆也是凡人，但要好好修行

管理其實是雙向的，同仁們試著同理老闆的壓力與處境，做老闆的也須經常提醒自己的責任與義務，好好照顧員工，雙方的緣分或有長短，但都值得好好珍惜。

我常常看到某位名人在臉書上抱怨員工，總覺得員工不能同理老闆的辛苦。有回發現他的同仁在底下留言：「老闆，我現在才知道你這麼不認同我們，我以為我們很認真工作，沒想到在你眼中是這樣。」我看完心裡有點驚訝，後來發現這位老闆把整串留言都刪了，我想，他應該是需要即時處理同仁的負面情緒了吧!

奉勸各位心也會痛的老闆們，得試著把苦放在心裡，**公開的抱怨絕對於事**

無補，只有讓彼此的關係越來越糟，我們都在修行的路上，要試著把吃苦當吃補，因為誰叫你是老闆？

公關叢林，活下來的就是狼

- 主管或老闆必須有先自行檢討的雅量，才能夠解決問題。
- 管理好情緒，提醒自己保持在個人修行的境界，讓身心處於盡量平衡的狀態，才能在管理或輔導人才的路上走得更長遠。

03
受教，態度吸引貴人走向我

在職涯的每個階段，難免會遇到跨不過去的關卡，有時覺得自己懷才不遇，有時覺得時運不佳，心裡不由得嘆息：「為什麼老闆都沒有看見我的努力？」、「為什麼總是要不到合理的職位或報酬？」

但這些「卡關」，不見得真的是因為自己不夠優秀，或是缺乏千里馬的賞識，有時只是一時陷入自己給自己的困頓裡，只要有一雙手來拉一把，或推一下，就能跨出泥淖。在我自己的工作經歷中，便曾遇過願意伸手的「貴人」，記憶中最清晰的有三位，分別是在道生總管理中心工作時的何處長、江道生董事長，及玄門藝術中心的許道弘董事長。

何處長是我在道生工作時的長官，當時我這個鋒芒外露、難以馴服的野馬，在他的軍事管理風格下就像是刺蝟，經常跟他爭辯、唱反調，有時甚至出言不遜的牴觸他的指令。但是這位看似嚴肅的處長，卻始終非常有耐心的磨練我這個桀驁不遜的小兵，從組織管理的能力、上對下的溝通倫理、分工負責橫向合作的原則、組織服從的必要與報告技巧等，全都毫不吝嗇的教給我。

當時的我自認是職涯中的黑暗時期，自我意識強，善辯又好強，讓這位長官傷透了腦筋。但萬萬沒想到，他仍然願意提拔這樣的我，向大老闆舉薦，給我一個新的舞臺發揮所長，並賦予我新工作的最強能量，好讓我能從容站上那個位置。也因為有何處長這位推手，讓我有機會直接跟在道生集團董事長江道生的身邊學習，而這個經歷在我日後創業及管理公司時，至為關鍵。

遺忘老闆交代事項的震憾教育——不逃！

我們初出茅蘆、年輕氣盛時，通常都不了解主管的苦心操練，還會經常自我感覺良好。然而在職涯中最重要的學習階段，不懂得低頭、謙虛，有時反而會失去成長躍升的大好機會，必須要經歷過一些風雨之後再回想，才會發現當時的無知與愚昧。所幸何處長及江董事長都是和善之人，不會公報私仇，反而還願意無私的給予肯定及提攜，讓我衷心感激。

因為江道生董事長極大的愛護與肯定，我在道生總管理中心任職期間，成就了很多的「第一」，成立公司第一個企劃公關單位、完成江董事長第一次個人專訪、規畫道生文教基金會第一年的所有會務與執行……這些歷練都是我的第一次學習，也伴隨了滿滿的成就感，因此也是我重要的貴人。

認識江董事長的人，一定都知道他嚴以治軍的管理風格，而我也受過很大的教訓。

記得那個只有摩托羅拉（Motorola）黑金剛電話的時代，在象山苑（按：道生幼稚園的教師福利中心）剛剛成立的初期，有一次我負責協助董事長，安排、接待很多重要外賓的參訪，那段時間也是我工作量最大的時候，不僅因為工程延誤而都待在象山苑加班，更一人身兼數職，忙得不可開交。就在一次忙亂中突然接到董事長的指令，要在隔週接待外賓參觀，但我因為一時忙碌，沒有即時記下筆記，之後壓根兒就忘了這個行程，於是最慘烈的狀況發生了。

當天早上，當客人已經抵達了遠在汐止的象山苑，老闆也緊接到達現場，而我這個小鬼還在辦公室裡，完全忘了接待行程，也沒有準備相關行政作業。這種失誤不僅讓現場無法及時因應，更讓老闆顏面盡失，想當然耳我立刻就接到老闆的電話，被嚴厲斥責！

參訪活動結束後，董事長坐車回總公司，一路上拿著黑金剛繼續訓斥我的粗心與不負責任，回到公司後又再把我叫進辦公室，重新教育了一番，我被訓得不禁潸然淚下，最後只好幽幽的說：「那我引咎辭職好了……。」

沒想到這下更不得了，我的請辭讓他更火大，他嚴正的告訴我，這次教訓有兩個關鍵，其一是，如果老闆交代的事都記不住，那麼其他重要的事情也會被遺忘；其二是，**一個負責任的人不是在犯錯後逃跑，而是應該痛定思痛，承諾改變**。

這次經驗之後，我再也沒有遺忘過老闆交代的事務，也學會了不在犯錯後閃躲，勇於面對過錯，修正並避免日後重複發生。這些當時的小小事件，對我的影響其實很大，在我自己當了老闆之後，幫助我在公司治理上建立了許多正確的觀點。

機會是給準備好的人——誰認定你「準備好」？

第三位貴人，是我在玄門藝術中心任職時的許道弘董事長。有段時間，我和許董事長共同肩負扭轉千坪藝術中心長期虧損的責任，在努力想辦法轉虧為盈的過程中，許董事長堅毅不撓與實事求是的精神深深影響了我。同時他還教會我如何做生意、進行商業談判，以及在面對多元的競爭環境中，如何改變策略殺出一條血路。對當年的我來說，這些都是從沒接觸過的商業實戰學習，但許董事長仍然願意傾囊相授、毫不藏私。

有一次，我和財務部門發生衝突，我覺得他們不知變通、又挾天子自重，根本就是在處處刁難業務與行銷部門，讓同仁們很難行事。得知這件事的許董事長把我叫進辦公室，問道：「鼎翎，妳現在是什麼職務與定位？」我回答：

「執行副總。」他說：「我知道妳以往專長都在行銷與業務，妳都沒有真正做過行政財務管理，對吧？或許今天開始妳應該學習看報表了！」

我一聽傻了，心想：「叫我看報表？不會吧！我哪看得懂？」許董事長看出我的遲疑，接著笑笑的說：「我會找人教會妳。就算妳不懂得記帳，也得要懂得看帳。」於是我展開了另一階段的學習里程，很辛苦，原來這件事很重要，而我以往並不知道。

過了一段時間，許董事長又再問我：「鼎翎，妳不是跟我分享過『龍困淺灘』四個字的心情嗎？妳問為什麼自己這麼努力卻收穫有限，沒有本錢就無法創業成功。現在我要送妳八個字：『滴水穿石，水到渠成。』」

他又接著說：「我覺得妳已經準備好，可以創業大展身手了，妳累積了扎實的學習與經驗，現在就等機會到來，水到渠成。」他拍拍我的肩膀：「妳可以的，如果到時候需要我幫忙，儘管告訴我！」

就這樣，他的鼓勵形成強大的推力與信心，造就我後來創業的決心。在經歷了創辦公司的辛苦過程後，我也才深刻體會，原來機會真的是給準備好的人，而且一點都不能心存僥倖。

態度會形成正向磁場——要「受教」

這種在順境中推我一把，在逆境中拉我一把的人，我都視為貴人，他們在我人生旅途中有著不可忽視的位置，我在很多訪談中都曾提過，也時刻銘記在心，一再感恩。

現在正閱讀這本書的年輕讀者們，我相信你們身邊也有很多貴人，你曾放大眼睛看見貴人賦予你的恩惠嗎？還是你也曾忽略他們的苦心與好意？

我常常跟同仁分享，資質優秀或許是很難得，但是能夠隨時把自己歸零，虛心接納別人建議，才真的難能可貴，因為有容乃大，這樣的人懂得感恩別人的給予，願意接納別人的指導，「受教」才能轉變成自己的能量，否則再好的機會到眼前也只是過眼雲煙，豈不可惜？

很多人都說：貴人可遇不可求。但我不認為，我相信受教的態度會影響自己的磁場，越虛心越容易遇見正能量，人緣越好越容易讓貴人靠近。這不是能量學，我寧可說是人品學，唯有好人品、好態度，才容易引起貴人的關注。

所以從今天起，請用心展現自己的受教態度，建立好人品形象，適度展現才能，貴人終將會出現並幫助你，無論是推你一把，或是拉你一把，都好。

公關叢林，活下來的就是狼

- 資質優秀或許很難得，但能夠隨時把自己歸零，虛心接納別人建議，才真的難能可貴。
- 懂得感恩別人的給予，願意接納別人的指導，「受教」才能轉變成自己的能量。

04 授狼以漁，培養理想接班人

老實說，決定放下並離開與我先生一起創辦的集團，的確是一件很不容易的事，畢竟這裡就如同我的孩子般，為了拉拔這家公司成長茁壯，我的青春年華幾乎都奉獻給了它。從一九九六年開始，直到二〇二一年十二月，在這逾四分之一個世紀的日子裡，我幾乎是投注了全部的精神，自然也堆積出深摯的情感。然而，我越是重視得來不易的心血結晶，便越發求好心切，這也觸發我腦海中逐漸浮現出另一種思維。

殫精竭慮多年，好不容易將品牌打造成數一數二的本土公關企業集團，培養及網羅了許多專業人才，服務範圍涵蓋科技、餐飲、金融、美妝、藝文、新創等領域，**累計超過六百個企業客戶**，其中不乏多家知名國際品牌。即使如此，仍不免有客戶在比稿後，首要考慮的並非提案本身優劣，反而是對於我們是否具備充分的國際資源感到遲疑，直觀的認定外來的和尚一定比較會唸經。

這個勝敗關鍵令我不得不深思與正視，本土公關公司縱使發展得再好、口碑極佳，也具培養傳承人才的能力，但論規模與全球資源有時難與國際集團匹敵。同時，外商公關公司的制度完整、策略靈活、資源充沛，恐有更大的發展空間，對於有語言天分或對海外市場有興趣的同仁，未來還可能獲得外派成長機會，可以成為國際公關人才，在各地開枝散葉。

不可諱言，是否跨出這一步，起初我的心裡還是有過掙扎和不捨，然而綜合諸多考量後，理智告訴自己，我們兩人都不可能一輩子守在這個位子上，終究必須認真思考，何時以及如何交棒給新一代的優秀人才來掌舵。

既然明白自己對於企業的永續傳承和發展有使命感，那我何不積極勇敢的讓公司邁開步伐，逐步轉型成為國際公關企業的一員呢？所以我決定先與日本電通策略聯盟、合作公關業務，之後再透過私募基金集團的邀請，與其他行銷公司整併，最後加入國際集團。接著，我和先生決定展開為期一年的接班人培育計畫，然後就可以把公司「放手」。

獨立的關鍵：別看母狼的眼色

要讓自己經營二十幾年的公司得以傳承下去，首要工作是建立同仁們的獨立自主能力；而獨立的最大關鍵，在於降低他們對老闆的依賴。我深切省思過，他們之前之所以難以獨立作業，其實歸納起來有兩個重要因素：第一是情緒上和情感上的依賴，因為他們都是我和忠翰一路提攜長大的，有時太聽從我們的想法，習慣於依靠長官的判斷，所以我們的喜怒哀樂會明顯的影響他們。

換句話說，他們有可能一看到我皺眉頭，就知道我不滿意，開始緊張；或是看到我在生氣，就會想可能哪個環節做錯了，接下來便不敢嘗試或突破。而這些察言觀色所帶來的影響，其實非常巨大。

舉例來說，許多企業主習慣與我對話，或諮詢我的意見，但通常公司的專業經理人們擁有和我一樣的判斷，只是肯定度或確信度不足，這時便會難以說服企業主而失去自信，也就加深了他們覺得非我或忠翰不可的理由。事實上，母狼的信心來自於她身經百戰的歷練，而當小狼也歷練過風雪，面對過各種挑戰，成長為強壯的大狼後，自然也會累積出他自己的存活之道，就算不在我們的羽翼下，仍然可以活得很好。

更直接的說，這些高階幹部並非沒有能力自行判斷，而是他們過度小心與依賴。因此，在讓小狼穩健走出母狼的庇蔭，能夠自行學會獵捕的過程中，必須在情感和心理上讓他們學會獨立。

第二個因素是，他們在做決策時不習慣獨自冒險，當碰到重大困難或難以抉擇的問題時，不想獨立去尋求解決之道，而是認定由老闆拍板定案比較安全。所以我在計畫接班傳承的後兩年，設法全然放手，除了重大公司方針與財務要項以外，我盡量全面退出，交由他們自己去做更多決定，同時也包容他們可能犯的錯，因為如果不能夠做好「放手」這件事，他們就很難獨立。

放手必須心夠狠，視而不見、成敗自負

你若問我「放手」這件事容不容易，其實我覺得在整個接班傳承的計畫裡，這是最有挑戰也最有意義的一件事。由於我的領導風格一向強勢，要從中抽離所有判斷決策權，不僅我自己要改變，同仁們也要適應這種重大轉變。

而「放手」最難的是掌握節奏，收放之間必須承擔一定的風險，有可能會影響業務，更有可能影響人員的穩定性，直白的說，就是有可能掉客戶，或是同仁選擇出走。但即便如此，當培養接班人成為最重要的目標時，沒有這一段管理階層放手的歷程，小狼不會長大，未來更無法獨立作業，更上一層樓。

至於**放手的訣竅是什麼？一是視而不見，轉身提醒；二是訂定最終原則，成敗自負**。母狼（我）讓小狼（目標接班人）學習獨立時，只有以上兩大原則，當他們可能做出錯誤判斷時，首先我必須視而不見，不能在第一時間影響他的決策，但我必須在關鍵時間點提醒後果。

舉例來說，當同仁因為情緒或是業務目標影響判斷時，先不要指責他的判

斷錯誤，而是先尊重後提醒，轉過身來提點事涉後果，請對方好好再想想，並告訴他，你絕對會尊重他的決策結果（當然你必須履行承諾），除非「動搖國本」，否則必須真正放手讓同仁做決定。

另一個方法是先講好遊戲規則，訂定最終原則，但提醒他成敗自負。這是更徹底放手的做法，你必須先訓練自己的心臟耐受力，如果可以全然做到讓他們成敗自負，無動於衷，那麼你的接班人計畫必能提早達陣。

接班人計畫——易子而教

記得在集團最後一年的接班人計畫裡，我精心企劃打造的是「易子而教」的接班人培育計畫，我選擇讓不同的導師們來帶領不同團隊的接班人，也就是打破原有團隊組織，讓主管們跨單位帶領其他團隊的成員。

許多主管紛紛提出疑問：「為何不讓我們帶自己的人來接班？」我很坦白的回覆：「因為這幾位接班人在你們原團隊的羽翼之下，已經很習慣你們既定的管理風格與工作型態，而你們也早就對自己手下的人才有既定的印象。『易子而教』既沒有成見，也能夠給予他們相對客觀的建議與學習，刺激他們有更高的成長機會。」於是在此前提下，就按照我所規畫的接班計畫讓大家交叉帶領、交叉學習，給予新學習動能。

由於以前每個團隊都是由固定成員組成，團隊與團隊之間，不會關注其他組別的工作內容和狀態，大部分時候都是獨立運作、各行其事。然而，當導師們必須每個月都撥出相當的時間，和非原團隊的接班候選人相處，並且面對面商討工作，互相了解彼此的作業習慣，等於完全打破原來的團隊區分，就像是重新配對實習的局面。

姑且不論這個計畫所創造出的具體成效，但是單純就新導師有機會看到導生不一樣的管理潛力與優劣勢這件事來說，就有其重大的意義。而我個人也在最後階段看見了少數接班人所具有的領導潛能，遠超乎我原本預期的。

此外，運用同儕之間的交換學習與競爭關係也是一個激勵的好方法，透過互相鼓勵、學習、成長，甚至客觀分析比較他人與自己的優缺點，像是誰的管理技巧較強，誰的業務能力厲害，又或是誰的溝通技巧最好……大家都能夠看見自己也看見他人的特色，這就是同儕間的刺激與學習力，何樂不為。

養成驍勇善戰的狼，是件十分美好的事

離開集團的最後四個月，我選擇以顧問身分驗收接班計畫成果，用有限的時間，每星期以不同的主題與他們面對面個別溝通，有時一對一諮詢，有時兩兩一組上課。我竭盡所能記錄下這些過程，盡可能回饋建議給他們與主管們參考，帶領他們學習進行談判、斡旋、建立自信等，這些加強版的溝通，旨在建立他們的自信，希望他們能夠邁開大步迎接更大的責任。

但作為一隻母狼，在期待小狼早日成長茁壯的心情之下，我始終認為永遠都做得不夠，但我授狼以漁的任務已經完成，提醒自己可以放手了，該是我可以輕鬆的揮揮衣袖，離開狼群，繼續探索我人生新旅程的時候了。

我相信他們每一位都是驍勇善戰的一匹狼，更是業界一等一的好手，勢必

會有一番新的作為。他們已然擁有自己的天空和舞臺，能夠獨立揮灑出炫麗的色彩，也能跟著新的國際公司去看不同的視野。而我，也完成了當初將創立公司成為國際品牌的夢想和目標，我覺得這是件十分美好的事，圓滿成就彼此。

至於未來要面對的挑戰，必須靠他們自己持續的努力，我唯有寄予深切的祝福，希望未來更好！

公關叢林，活下來的就是狼

- 團隊成員在情緒與情感上太依賴，或對主管太察言觀色，會變得不敢嘗試或突破，這對於公關人來說是很不利的狀況。
- 放手的訣竅，一是視而不見，轉身提醒；二是訂定最終原則，成敗自負。

後記
發揮「十分好」的正能量

「我為什麼要成為公關人？」在業界勤奮耕耘了近三十年，我曾捫心自問這個問題。但說來慚愧，前面的二十幾年中，我常因為忙於事業而無暇靜下心來仔細思考，直到近年，除了舉辦活動圓滿成功的當下，能激發我須臾的興奮，或是比稿時受到客戶青睞而帶來瞬間的成就感外，我漸漸發覺，自己看待這些工作似乎失去了昔日那股熱忱與衝勁，總覺得缺少某種精神層面的滿足。

我的腦海裡不禁浮現出「公關最大的價值和意義是什麼？」這個命題，而且一直揮之不去。

我常說：「專業的公關，事實上就是一種顧問的工作。」回首過往，我所服務的客戶，大部分以商業性質的各領域企業為主，我為他們的品牌作嫁，協助他們做好危機處理，幫他們與媒體或在產業間建立良好的公共關係基礎。我在不知不覺中，完成這些任務如此長久的時間，而且從中獲得莫大的成就感與實質報償，我非常感謝上天賜給我一份這麼美好、磨練自己心性的禮物。

不過，二〇二二年，我正式跳脫原先的舒適圈，讓自己重新歸零之後，平心靜氣的思量：如果我是一隻聰明的狼，再另闢一方嶄新的天地之前，是否須先自我釐清，現在的我究竟想要什麼？而那個答案，就應該是我人生新旅程前進發展的方向。

創造群體影響力，就是十分好的事情

身為一個公關人，以前的我總是汲汲營營的爭取辦理商業性活動，服務商業客戶，大部分是為了集團的營運成果，而竭盡所能的四處攻城掠地。但如今回想起來，真正打動我心扉、雋永難忘的，並不是這些商業性質的服務或活動，反而是前公司成立第二十年後，陸續所開啟的公益專案。

在專案裡，我們以有限的時間、人力等各種資源，每年與一家公益團體合作，協助他們舉辦活動，一方面幫助弱勢回饋社會，另一方面藉此讓大眾看到公關界發揮正面影響力的價值。

其中我們也透過媒體的協助，讓一些公益活動產生更大的共好效益，例如：協助宜蘭東澳國小募集射箭隊出國移地訓練費用的「飛魚募款」相關活動；參與協助「沒有買賣，就沒有殺害」——向魚翅說不的國際公益活動宣傳；守護海洋公益宣傳「聽海哭的聲音」的記者會；以及勵馨基金會的「說不就是不」倡議宣傳、我以個人身分贊助的「圓桌公益——蒲公英計畫」，以及二〇二二年集團主辦的「寒冬送愛心」冬衣捐贈活動等。

雖然這些活動費時耗力，沒有商業利益，但我們在能力有限的情況下盡力而為，提供了些微不足道的協助，在每次活動的前後，我的心中都充滿了無比的喜悅！

有鑑於此，我越發強烈的體悟到自己新成立的「十分好創意」，對於成就感、使命感的定義，已不再像從前只是追求業績、公司規模，或是公司商譽、公司品牌、知名度等表面上有形的價值。現在對我來說，幫助有理念的公益組織，讓他們能夠更有效的發揮力量，對社會做出更多、更好的幫助與貢獻，進而產生更大的群體影響力，更能豐富與完整我未來的成就感與使命感。

我在二〇二二年啟動了「一百小時無償公關顧問服務」公益計畫，以前是一年一個專案，現在就多做一點，第一年我們率先捐出一百小時，無償輔導協助四個公益團體或聯盟（每個單位各享有二十五個小時的免費公關診斷諮詢顧問服務，或是培力教育訓練）。

在宣布這個訊息之後，外界給予我的回應，遠比我想像中的多出許多，企業界友人或有些政界人士紛紛聯繫我，熱心幫忙介紹有關的團體，引述他們需要的協助。

例如一向公開透明的自律聯盟，共同涵蓋了三百多個企業型基金會、文教藝術NPO、社福NPO、環保醫療NPO等類型的成員，共同為公益團體生存發展付出心力。他們不僅扮演了非營利組織中整合與輔導的中介角色，更有著務實輔導團體成員的培力角色，因此當祕書長詢問我未來能不能長期協助聯盟成員，一起進行培力計畫時，我欣然同意。

礙於現階段我們可能還沒有那麼多人力，無法將更多公益團體的需求照單全收，但公司同仁經由參與輔導的四個公益組織下來，內心的收穫與成就感已然滿滿，我們收到的回饋多半很正面，更期許未來可以找出更聰明有效的方法，以服務更多的非營利組織與專案。相不相信願有多強，力就有多大？現在我走在符合心意的這條路上，為我引路的人越來越多，相信路必定可以走得更長久。

用服務外商經驗，希望幫助臺灣品牌起飛

透過「一百小時無償公關顧問服務」公益計畫，我認識了非常多病友組織，看到一個完全不同的世界，讓我覺得以往對他們的認識太淺薄了。過往的二十七年，當我聽到世界展望會、喜憨兒基金會、羅慧夫顱顏基金會、台北市視障家長協會、看見・齊柏林基金會等組織團體，都只是膚淺的表面印象，甚

至有著不正確的認知。但而今，我個人透過了ＥＳＧ永續認證課程的學習與深研，進一步端視他們的工作、理念、內涵，以及發展方向，已有了截然不同的視野，也更能理解他們分別對社會不同的貢獻與價值，越深入他們，也才能將手伸得更長，做更正確且有意義的幫助。

是的，我越來越清楚明白現在營運的視角，當我發現接觸的人、事、物，和以前都不同了，我就更能發現許多團體或企業的良善初衷，或是更能發現企業用不對的方向在做ＥＳＧ，也就更肯定自己有專業能力協助大家走更好的路，或是嫁接、媒合彼此，少走一點冤枉路，進而產生一加一大於二的共好效益。而且，我相信這些想做的事情，不會只是單打獨鬥，一定可以找到更多志同道合的朋友。

至於商業客戶還做嗎？答案是：當然！但我希望能做得更有意義。舉例來說，我將以臺灣品牌優先考量合作，因為外商客戶已經具備完美的行銷體系，有專業的經理人、一流的公關人才，在過往的合作過程中，雙方其實教學相長，我們提供服務的同時，也學到了很多能力。

我最近服務了很多臺灣的品牌，發現其實都非常有意思，也有很多能夠說故事的梗。我在臺灣長大，做過那麼多外商客戶的服務，現在將運用多年積累的專業經驗，回過頭來協助自己成長這片土地的企業與品牌，使他們走向品牌化或是國際化，這會是一件多美好、值得期待的事呀！

這些跟以往不一樣的目標，最近陸續得到了美麗的成果與肯定。原來，打掉重練的結果，是走出了一條自己都沒有想到的路，也帶我回到了初衷——「為什麼我要成為公關人？」在此有了切切實實的答案。更重要的是，這讓我深切感受到人生更富使命感、更有生命力，充滿正能量，這是第三段職涯曲線中最大的收穫。

那個我不停帶兵打仗、跟著群狼作戰的時代已經過去了，不是因為我老了，而是因為我站的位置與視野不一樣了，我發現自己再次凝視遠方，曾經有過的王國煙硝已滅，如過眼雲煙。

現在的一扇窗，放眼遍地繁花，果然有截然不同的好風景，正出現在我的眼前。

Biz 417

活下來的就是狼

客戶是獅子，媒體是大象，夾在中間的我怎麼闖？
公關這一行的美好拚搏與真實內幕大公開。

作　　者／黃鼎翎
責任編輯／宋方儀
校對編輯／蕭麗娟
美術編輯／林彥君
副 主 編／馬祥芬
副總編輯／顏惠君
總 編 輯／吳依瑋
發 行 人／徐仲秋
會計助理／李秀娟
會　　計／許鳳雪
版權主任／劉宗德
版權經理／郝麗珍
行銷企劃／徐千晴
行銷業務／李秀蕙
業務專員／馬絮盈、留婉茹
業務經理／林裕安
總 經 理／陳絜吾

國家圖書館出版品預行編目（CIP）資料

活下來的就是狼：客戶是獅子，媒體是大象，夾在中間的我怎麼闖？公關這一行的美好拚搏與眞實內幕大公開。／黃鼎翎著. -- 初版. -- 臺北市：大是文化有限公司，2023.06
320 面；14.8×21 公分
ISBN 978-626-7251-91-1（平裝）

1. CST：公共關係　2. CST：職場成功法

541.84　　112004597

出 版 者／大是文化有限公司
臺北市 100 衡陽路 7 號 8 樓
編輯部電話：（02）23757911
購書相關資訊請洽：（02）23757911 分機 122
24小時讀者服務傳真：（02）23756999
讀者服務 E-mail：dscsms28@gmail.com
郵政劃撥帳號：19983366　戶名：大是文化有限公司

法律顧問／永然聯合法律事務所
香港發行／豐達出版發行有限公司 Rich Publishing & Distribution Ltd
地址：香港柴灣永泰道 70 號柴灣工業城第 2 期 1805 室
Unit 1805, Ph. 2, Chai Wan Ind City, 70 Wing Tai Rd, Chai Wan, Hong Kong
電話：21726513　傳真：21724355
E-mail：cary@subseasy.com.hk

封面策劃／包益民
美術協力／林雯瑛
內頁排版／顏麟驊
印　　刷／緯峰印刷股份有限公司

出版日期／2023 年 6 月初版
定　　價／新臺幣 420 元（缺頁或裝訂錯誤的書，請寄回更換）
I S B N／978-626-7251-91-1
電子書ISBN／9786267251874（PDF）
9786267251867（EPUB）